夢を現実に変える！
言葉の魔法

乳井 遼
— Ryo Nyui —

はじめに

こんにちは！　りょう社長です。

あなたには**「夢」**がありますか？

この本を手に取ったということは、あなたの心の中にはきっと、なりたい自分や叶えたい夢があるのでしょう。しかし、問題は、夢をどう叶えるのか？つまり「どう現実にするのか？」ということです。

90％の日本人は、夢の叶え方を知りません。なぜなら、夢の叶え方を学校教育で学んでこなかったから。知識詰め込み型で育てられた日本人は、夢の育み方を知らないのです。

漠然と夢を描くことはできますが（描くこともできない人も多数）、夢を現実に変えることがほぼできないのです。だから、学生の就活でも不思議なことが起きています。

「みんなが就活しているから就活する」

学生の間では、この思考が蔓延しています。よく考えればおかしいことです。自分の人生は自分が決めればいいのに、なぜ、大学4年になったら一斉に就活をするのでしょうか？

それが自分の夢に繋がるのならいいのですが、目的なしに就活をして、毎日疲弊して愚痴をこぼす仕事や会社に就職して何になるのでしょう。貴重な若い時間を無駄にしています。

断言します。人は何のために生まれてきたのか？　それは「**夢を叶えるため**」です。夢を叶えるために行動する。その一瞬一瞬に生きがいと喜びを人は感じます。時に辛さもあれど、叶えたときには何事にも変えられない幸せを感じることができるでしょう。

夢を叶えるには、まずはマインド面が最も大切です。前述した通り、夢を見る力を、日本人は学んできませんでした。「夢を見るのは子どもまで。大人は現実を見ろ」こうやって教わってきたものですから、日本人は徐々に夢や希望を失っている人が増えているのも事実です。

今の若い世代もそう。「やりたいことや夢がない」。そう嘆く20代前半がたくさんいます。しかし、安心してください。

それは、夢の作り方がと叶え方がわかっていないだけです。必ず誰でも、夢は作れるし、叶える力を持っているのです！！

さあ、今から一緒に「夢を叶える力」を学び、人生を飛躍的に変えてしまいましょう！

〈目次〉

第1章　夢の正体

夢は笑われたら合格！

あなたの夢はなんですか？

「いや、夢はないんですよね。笑」

「そもそも夢ってなんだっけ？」


こんなやり取りを見たことありませんか？　あなたも聞かれたことがあるかもしれません。夢とは何か？　これを定義するのは難しいですよね。

「何を持って夢と言えるのか？」「夢と目標の違いは何か？」

あなたはわかりますか？


実は、夢には三つの定義があるのです。といっても、これは僕が勝手に定義したものですが、一つの目安としてお教えしましょう。

〈夢の定義〉

一つ目＝願望を他人にしゃべって笑われること。

二つ目＝多くの人を巻き込んで叶えるもの。

三つ目＝社会と人に影響を与えるもの。


一つ目から見ていきましょう。

夢は他人に笑われてこそ夢です。夢を人に語った瞬間「そんなのできる訳ないじゃん！」「うそでしょ？　笑」と言われら合格。あなたの夢は現実に変えるに相応（ふさわ）しい夢です。

なぜか？


二つ目の理由につながりますが、夢というのは、一見、実現不可能に感じるぐらいでないと人を巻き込めないからです。

「夢はマイホーム！」という人がいます。申し訳ないですが、これは僕からすると別の意味で笑ってしまいます。だって、誰も協力できないですし誰も巻き込むことができません。だから、夢の応援者が生まれないのです。

僕は最近、大きな夢を掲げました。それは「歌手になりたい」という夢。最初、友人に喋ったときは、それはもう笑われました。「え？まじで？　お前がライブやるの？　笑」

この瞬間、夢の第一段階クリアです！

そして次に、夢を叶えるためにクラウドファンディングをやりました。これも多くの方から支援をいただきました。その結果は、なんと「２５０万６４００円！」。本当に感謝です！　ライブにも50名の方がいらしてくれます。多くの方を巻き込んだと言えましょう。

そして、音楽にド素人の僕が一生懸命ボイトレして、ギターを一から習う。その姿を見せながらライブをすることで、多くの人に勇気を与えると信じています。社会と人に影響を与えるのです。

どうでしょうか？　夢の「三つの定義」に当てはまっていますよね。

あなたはどんな夢が思い浮かびましたか？　まずは笑われることから目指しましょう！　夢の実現の最初の重要なステップですので、積極的に話して、たくさんの人に笑われましょう！

夢は妄想から生まれる

「ねえ、パパ？（ママ？）夢ってなぁに？」

もし、あなたが5歳の子どもから質問されたら、どう答えますか？

「夢は君のやりたいことだよ！　だから、夢を叶えるために頑張ろう！」と答える大人が多いように思いますが、あなたはどうでしょうか？

僕ならこのように答えます。

「夢は**妄想**だよ！　君の住みたい世界を思い描いてごらん！」

夢とは、個々人がイメージできる範囲の妄想に他なりません。そして、いつの時代も、夢を叶え続けてきた人は**「妄想力」**が抜群に優れています。

今年（2024年）、メジャー記録を樹立した大谷翔平選手。彼は、小さい頃からプロ選手になって活躍する姿を、大きな妄想で描き、イメージしていました。最初は誰だって夢のスタートは妄想なのです。

僕もそう。著者になって、出版記念講演会でカッコよく話している自分を妄想することから、2024年4月に著者デビューの夢が叶いました。地元青森での出版記念講演会も開催し、地元にいる両親に親孝行もできました。

そして、2025年2月2日には、高校生からの夢であった【歌手デビュー】を控えています。この書籍が出版されるのは1月下旬ごろでしょうから、間もなく長年の夢が叶います。

これは、僕がずっと、「ステージで観客を魅了しながら歌う自分」を常に妄想していたからこそ、今、現実として夢が目の前に現れたのです。

妄想とは、「ああ、こんな自分になりたいな」「ああ、憧れのあの人に近づきたいな」「ああ、あんな理想の世界を作りたいな」など、「～たいな」で最初はいいのです。

さらにポイントを言うと、妄想は果てしなく大きなものがいいです。僕も、歌手デビューは、順番を踏んで小さなライブハウスからやりますが、最初の妄想は「東京ドームでライブをする自分」でした。

大きな妄想をすると、最終的なゴールは自然と大きな目標になるので、その前段階である小さな目標は楽に越えられるハードルに感じます。

「夢を叶えたいなら妄想力を磨け」

これは僕が、出版実践塾で塾生に何度も言っていることです（りょう社長講師）。著者は自分の理想の世界を読者に伝え、賛同してもらうことが仕事の一つ。だからこそ、「妄想で自分の世界観を演出できない著者は著者にあらず！」と厳しく指導しています。

あなたは、今、どんな理想の未来、なりたい自分を妄想できていますか？夢を叶えるには、まずは妄想トレーニングからはじめなくてはなりません。

次のワークで妄想力を鍛えてから、夢の本質をもっと追求していきましょう。

このワークは実際に出版実践塾でも塾生に課しているものです。妄想するにはもってこいの課題ですので、ぜひ妄想力を発揮して楽しくワークをしてみてください。

〈ワーク〉あなたの妄想力を鍛えよう！

あなたがもし、総理大臣になったら、どんな日本を作りたいですか？

＊＊＊

記入欄

イメージできない夢は絶対に叶わない

断言します。夢を妄想したあなたが、その夢の姿を鮮明にイメージできない場合、その夢は絶対に叶いません！

なぜか？　それは、鮮明に夢がイメージできない場合、今のあなたに決定的に足りていない何かがあるからです。もしくは、誰かから「夢がないの？　つまらない人生だね」などと言われ、無理やり作った愚かな夢です。

いいでしょうか？

夢をイメージできないということは、あなたが本気で夢の実現について調べたり、学んだりしてないからこそ、イメージできないのです。

本気になれば、人は、夢を実現させようと努力します。知らない情報は全力で調べます。そして、冷静に足りないパーツをかき集めます。そして、ピースがどんどん集まってきて、少しずつ夢の型にはまっていきます。結果、ジグソーパズルのように、一枚の「夢の絵」が完成するのです。

夢の姿がイメージできないということは、完成図がわからないのに手当たり次第に、パズルのピースをはめているようなもの。それでは何年経っても、夢の絵は完成しません。

「夢は鮮明にイメージできないと絶対に叶わない」

この意味がわかったでしょうか？

夢を叶えた自分の姿をイメージするトレーニングをしましょう。イメージを鮮明にするためには、夢を叶うフィールドに実際に行ってみたり、同じような夢を叶えた人の話を聞いたりするのが有効的です。インプットしていないことは絶対にアウトプットできません。イメージトレーニングをすることは、夢の達成に必要不可欠なのです。

もし全てが100％手に入るなら？

夢は妄想からはじまる。

そして、鮮明にイメージできなければ夢は叶わない。

ここまではいいですね？

それでも、「そもそも妄想できることすら思いつかない！」という読者の方もいるのではないでしょうか？

わかりますよ、その気持ち。僕も25歳ぐらいまではそうでした。

今、若い世代ではその傾向が顕著です。僕は毎年大学生に就活講座をやっているので、いわゆるZ世代と交流する機会が多くあります。僕の部下も全員20代前半の社員です。

彼らからよく聞くのが「夢がそもそもない」というもの。

僕からすれば、とっても寂しい言葉です。でも、夢がないというのは、実は、嘘なのです。誰でも心の奥では夢を持っているって知っていましたか？


「えっ？　まじ？・・・俺、夢ないよ？　笑」と思った、あなた！

安心してください！　必ず持っていますよ。笑

では今からある質問をします。率直に思ったことを連想してください。

「もし、地位、金、名誉、その全てが１００％確約しているなら、あなたは何になりたいですか？」


さあ、あなたの頭の中には、何が思い浮かびましたか？

僕は、この質問を最初に聞いた時、「歌手として歌っている自分」がイメージできました。そのとき、ハッと気付いたんですよね。本当に僕が目指しているのはアーティストであり、歌手なんだと。でも、実際に歌手一本で食べてい

くのは現実的に難しいでしょう。でも2025年2月2日に歌手デビューを控え、歌の練習を頑張っている今の自分が大好きで、これまでにない充実感を味わっています。

実際、【歌手デビューをしたい！】のクラウドファンディングでは、250万6400円のご支援をいただきました。もちろん、これで一生食べていけるわけではないですが、歌手活動でお金を得たという事実は、自信になりました。

少し話がずれましたが、この問いで言いたいのは、人は未来の地位、金、名誉に不安があるからこそ、夢に蓋《ふた》をするということ。失敗して、今の地位を失ったら、金を散財したら（収入がなくなったら）、名誉に傷がついたら（恥をかいたら）などと余計な心配を無意識にするのです。

でも仮に100％手に入るならどうですか？

あなたの頭の中に、絶対に何か一つぐらいやりたいことが思い浮かびませんかか？　それこそが、**あなたの「夢のかけら」であり、目指すべき夢の方向性です。**

僕の場合は歌手でしたが、いわば表現者をやりたい自分がいたのでしょう。だからこそ、ユーチューバーも続けられていますし、著者活動も誇りを持ってやっています。歌手は表現活動の一つ。歌手にこだわらなくても、表現活動をしていれば、夢を叶えているに等しいのです。

地位、金、名誉が１００％保障されているなら、さあ、あなたはどんな自分になりたいですか？

お金はもらえるけど、毎日疲弊しながら愚痴ばかり言う仕事なんて絶対にやらないですよね？　人生を損しているとしか思えません。でも、本業は家族を守るため、好きではないことをしなければいけないことも重々わかっています。僕もサラリーマンでしたから。

ですが今は副業時代。何か副業的にでも、夢のカケラにチャレンジしてみてはいかがでしょうか？　あなたの人生がより輝くはずですよ。

〈ワーク〉

もし、地位、金、名誉が100％保障されているなら、あなたはどんな自分になりたい？

素直な気持ちで書こう！

記入欄

夢と金

「夢はあるけど、金がない。だから、金を貯めてから、夢を叶えるために動き出そう」

たまに、こんなことを言う人がいます。

うん、わかります。昔、僕もそうでした。金がないから、何もできない。だから、まずはバイトして稼ごう！　こんな思考です。今思うと、本当に愚かな思考だったと反省しています。

夢と金には大きな相関関係があります。そして、金を手に入れてから、夢への行動を起こすのではダメなんです。逆なんです、正しい順番は。夢を描いたのちに金が集まるのです。この法則を知らないからこそ、多くの人は金を先に求めます。この先の話にも通じますので、聞き逃さないでください。

夢を描き、それを発信し続けると、「あるモノ」が手に入ります。なんだと思いますか？　10秒考えてみましょう。

それは、賛同者（協力者）です。

あなたの夢（考え方）に賛同した者が、あなたの夢の実現に協力します。

つまり、お金をあなたに投資するのです。

そして重要なのは、見栄を張らずに「協力が必要」とはっきり言うこと。貯金をしてお金が無駄にあると、人は変な余裕が出てきます。その無駄な余裕が緊迫感をなくし、発信者の熱量を削ぐことも。

若者の発信を見てください。お金はないけど、情熱的に発信をする。だからこそ、胸を打たれませんか？　まずは大きく夢を描いて発信する。そして協力者を得る。次のステップとして夢を叶えるためのお金を得る。これを知っておくと、自然とあなたの夢にお金が集まります。

僕がこれまで3回やってきたクラウドファンディングも同じです。最初に夢をありのままに飾らずに発信してきたからこそ、支援者が生まれたのだと思っています。

お金は後からついてきます。まずは夢を描くことからはじめましょう。

夢を追った傷は勲章になる

夢を追うと傷つくこともある。だから、夢を追うのが怖い。そう思う人がいます。わかりますよ、気持ちは。しかし、知っていましたか？　夢を追ってついた傷は「勲章」になることを。

夢を追って、中々実現しなかった場合、そのプロセスにおいてたくさんの痛みがあるでしょう。夢を追ったせいで収入が激減した。周りから冷ややかな目で見られた。「いい年してまだ夢追ってるの？　いい加減現実を見なよ」などと嘲（あざけ）られた。こんな経験がある方もいますよね。僕もこれまで何度も夢を描いてきました。小さな夢であれ、大きな夢であれ、夢への挑戦によって傷つくこともありました。

就職活動の時期、僕はマスコミ業界にずっと憧れがありました。22歳のときです。頑《かたく》なにマスコミばかりを受け、結果は37社全敗。当時の僕は、マスコミ業界に行って華やかにクリエイティブな仕事をするのが夢でした。今思えばちっぽけな夢です。でも当時の僕にとっては大きな夢。

通常、大学4年の夏頃には9割の学生が内定をもらって、学生生活最後の夏を満喫しているのですが、僕はずっとマスコミを追い続けていました。

「いい加減、諦めなよ」

「現実を見ようよ」

たくさんの冷たい言葉を受けました。

結局、マスコミには受からず、唯一受けたマスコミ以外の職種である銀行に内定をもらいました。就職浪人は考えていなかったので銀行に行きましたが、マスコミの仕事を諦め切れずに一年で退職。またマスコミを目指す旅に出ました。

ここでも、
「まだ夢を追うの？」
「大人になりなよ」
と心無い言葉を受けたことも。

しかし、諦めない心を強く持って頑張った結果、翌年マスコミ（新聞社）から内定をもらいました。内定先の人事と話したのですが、僕が内定をもらったのはあることが決め手だったようです。

なんだと思いますか？

「銀行を辞めてまでマスコミを目指して、いろいろ周りからの声もあったと思うけど、それでも粘り強く諦めない心を感じた。内定の最大の決め手だった」
と言ってくれたのです。

つまり、諦めずにチャレンジし続けたことが内定の決め手になったのです。

夢を追って挑戦し続けたことが勲章になって、人事の心を動かしたのです。

僕のこのマスコミチャレンジは、今では巨大な勲章になっています。昔の僕のように、夢を追い続ける若者に勇気を与えています。毎年開催している「就活塾」では、この経験があるからこそ、生徒の信頼をつかめていると言ってもいいでしょう。

あなたには夢を追って得た傷がありますか？　それは決して隠すことはしてはいけません、むしろ堂々と見せて勲章にすべきなのです。ぜひ、勲章をたくさん手に入れてくださいね。

もし、これを今年就活を控えた学生が読んでいたら、僕の開催する就活塾に来てみませんか？

あなたをきっと、最も輝ける職業に就かせてみせます。２０２５年は３月スタートです。

第2章　夢を現実にする方程式

夢を現実に変える5ステップ

夢の正体を知ってもらったところで、次は夢を現実に変えるための「5つのステップ」をお教えましょう。いよいよ実践編です。

【1】妄想

第1章でもお話しした妄想。これが全てのスタートです。夢は妄想からはじまります。妄想のポイントは次の通り。

■ 自分がワクワクすることを考える

■ 思考にリミッターをかけない

妄想したらその妄想をより具体的にイメージしましょう。具体的には、夢が叶う条件を細かく設定することが重要です。

たとえば、将来、東京ドームでライブをするという夢を描きました。まさに一見、実現不可能な妄想です。でも、全ては妄想からはじまるので、ここでリミットをかけてはいけません。

東京ドームでライブをする。開催日は2030年3月。観客は5万5千人。ステージはライトアップされきらびやか。ゴージャスな衣装を着て歌う自分。鳴り響く歓声。手を振って答える自分。

ここまで妄想すると、本当に東京ドームでライブをしている自分が思い浮かびます。そう、妄想は一つひとつ具体的にしていくことで、鮮やかに色付けされていくのです。

【2】宣誓

次にやることは「宣誓」です。あなたは夢を人に喋ったことはありますか？多くの人がためらうのはここです。自分の胸に夢を押さえ込み、人に言うことをしません。人に言うと恥ずかしい。笑われたくない。厳しい反応をもらうとメンタルが壊れる。さまざま理由があると思います。しかし、夢を確実に叶えていくなら人に宣言する以外の道はありません。

理由は大きく二つ。

一つ目は自分の覚悟を決めるため。

夢は人に話すと、自分の中で「やるしかないという覚悟」が生まれます。たくさんの人に言えば言うほどその覚悟は強くなります。部屋を綺麗に保つには、人を定期的に家に招くことと言いますが、それと一緒です。夢を叶えるには、人に夢を覗《のぞ》かせるのです。人は、一人で夢を抱えているうちはなかなか実践できません。人は弱く、言い訳をしながら夢への行動を遅らせるからです。

でも、どうでしょう。「私は来年の2月までに必ず、夢だったライブを実践します！」と多くの人に宣言すれば、もう後には引けません。立場がある人ならなおさらです。「あいつ、宣言したのにやらなかったよ」「口だけだな」と思われますからね。

さきほどのライブの宣言はまさに、僕です。笑

「いずれは単独ライブをやってみたい」と、漠然と妄想だけしていましたが、絶対に叶えるんだという覚悟を決めるために、２０２４年8月に周囲に宣言しました。これがきっかけとなって、覚悟が生まれ、着実に夢の実現へとステップを踏んでいます。

理由の二つ目は、協力者が生まれること。

人に夢を言うということは、少なからずあなたの夢を聞く人がいるということ。前述したように、夢は多くの人を巻き込んでこそ、夢です。

「君の夢、面白いね！　応援させてよ」

この言葉をもらうには、人に言うこと以外の方法はありません。協力者が生まれないまでも、人に言うことで客観的なアドバイスをもらえることもあります。その何気ないアドバイスが、夢を大きく現実に導くことだってあるのです。

「勇気が出ない」「いざとなると中々行動できない」「何か夢実現へのアドバイスが欲しい」・・・そんな人は、宣誓することから始めましょう。必ず何かが変わるはずです。

【3】夢の細分化

次のステップは「夢を細分化」すること。この時点でのあなたの夢は、きっと妄想によって、抽象的になっていることでしょう。夢を叶えるアクションとして、夢を細分化できればあなたの願望はより叶えやすくなります。

夢は大きい分にはいいのですが、大きすぎると無意識に心が「無理かな?」と思ってしまいます。大事なのは「これならできそう!」と自分を勇気づけることなのです。

そして、もっと大事なことを言います。夢を細分化して、一つひとつ実現していくことで、小さな成功体験を積み重ねることが大切なのです。これが大きな夢を叶える際の勇気と自信につながります。

また僕を例に取りますが「東京ドームでライブをしたい！」という大きな夢があります。これを細分化するとどうなるか？　ざっと挙げてみました。

（１）大きな夢＝東京ドームでライブをしたい

（２）細分化

・ボイトレに通ってカラオケの領域を脱する
・ギターの基礎を覚える
・オリジナル曲の作詞をする
・作曲の基礎を覚える
・聴衆に響く声の出し方を覚える
・ライブハウス（50人規模）でミニライブをする
・ライブハウス（１００人規模）で公演をする
・有名ライブハウスも経験する（赤坂ブリッツなど）
・武道館でライブをする
・東京ドームでライブをする

このように夢の実現に必要なことを細分化していくと、やるべきことがどんどん見えてきます。僕の場合、ライブの実践に備えボイトレに通っています。声の質が断然よくなった！　リズムが最高！　と講師に言われることで、人前で歌うことへの自信になりました。

ギターも習いはじめ、基礎は弾けるように（最難関Fコードを奏でられたときは感動しました！）。他にもライブ当日に歌う曲を作詞したり、作曲の基礎を学んだり、一つひとつ小さなハードルを実際に超えていくことで自信につながっています。当日を迎えるのがワクワクしてきます。

大きい夢には人は乗れます。応援もしてくれます。しかし、実際に行動して叶えていくのはいつだって自分自身です。自分が夢を叶えるために勇気を出して、努力をして、行動しなければ絶対に叶いません。

そのために夢を細分化して一つひとつ叶えていく。自信をつけながら大きな夢の実現に進んでいく。これが大事なのです。

【4】お金を使う

さあ、次のステップに行きましょう。4つ目は「お金を使う」ことです。少し話がそれますが、あなたはお金をどのように捉えていますか？　生きるために必要なものですか？　確かに、そう。あなたの認識は正しいです。

しかし僕は、お金をもっと別な側面で、最近は見ています。

それは「本気度と時短」です。

あなたが何かを購入しようと悩んでいたとしましょう。

「うーん、悩む。どうしよう？？　買っちゃえ！」

お金を払う瞬間って、自分に本気になっていませんか？　高額商品ほどそう。

「せっかくお金を払ったんだから、絶対に元を取ってやる！」

「使いこなしてやる」

「楽しんでやる」

どんな商品、サービスを購入するのであれ、こう思うはずです。

ジムがいい例かもしれませんね。「高い月謝を払うのだから、何度も通って、本気でやろう！」そう思いませんか？　これが本気度です。お金には、人を本気にさせる魔力があります。僕も例外なくそうです。今回ライブを実践するにあたって、多くの費用がかかっています。本音で話すと・・・最低１５０万円ぐらいかかっています（もっとかかるかも。笑）。

ライブ会場代、衣装代、楽器代、ボイトレレッスン代、作曲代、当日のスタッフ代、レコーディング代、撮影代、他にも細かいものがたくさんあります。この費用はすでに払っています。だからこそ、絶対に１５０万円以上の価値をもったライブにしてやる！　という意識が芽生えているのです。

そして、次に「時短」。ステップ５に通じることですが、夢を叶えるには、期限を決めることが大切です。僕の場合、２０２５年2月2日にライブをすると決めています。だから、それまでにあらゆる準備をしなくてはいけません。ライブを決意したのは２０２４年8月下旬。ライブ当日まで5ヶ月間しかありません。だから僕は、できることは全てプロから指導してもらっています。なぜならそれで最短で最高のパフォーマンスを発揮できるから。

お金を使わなくても今はYouTubeがあります。動画検索して地道に学べば、独学でもある程度は習得可能です。しかし、それでは時間がかかりすぎます。時間は有限であり、お金よりも大切なもの。僕も経営者になり、この意味がようやくわかりました。お金を夢にかけることは自己投資です。最大のレバレッジがかかります。費用対効果は抜群なのです。

【5】逆算

夢を現実に変える最後のステップ。それは逆算です。夢は期限を作ることが大事です。いつまでに描いた夢を実現させるのか？　これを決めないと、はっきり言いますが絶対に夢は現実になりません！　なぜなら、逆算思考で物事を考えられなくなるから。

仕事もそうですよね。納期や期日があります。「この日までにプロジェクトを遂行しなきゃいけないから、いつまでにこれをやろう」と考えます。夢も一緒。何年後のいつまでに大きな夢を実現させる！　だから、それまでに細分化した小さな夢を叶えるんだ！というマインドを持たなくてはなりません。夢をいつも叶えている人や偉大な経営者は、全てこの逆算思考で動いているからこそ、夢を現実に変えています。

逆算思考にはポイントがあります。それは、自分が余裕なくなるようなタイトなスケジュールは組まないこと。人が挫折するのは、自分のスピードに合わない行動計画を立てることにあります。「これは、２日でできるな？」と思ったなら、３日間ぐらいの余裕を持たせたほうがいいです。

時にはタイトなスケジュールにしないと期日が間に合わないこともあると思いますが、タイトにしすぎると余裕を失います。余裕を失うと何が生まれるか？　それは「惰性」です。「これくらいでいいか？」と自分の行動を甘やかすことにもつながります。これでは何のための夢なのかわかりません。応援者にも自分にも失礼です。逆算思考は大切ですが、いつも心に余裕を持った逆算スケジュールを立てましょう。

ここまでで5つのステップをご説明しましたが、いかがでしょうか？

ここで、ワークをやってみましょう。このワークをすることで、あなたの夢はよりクリアになり、現実へ大きくステップアップします。ぜひ、やってみてくださいね。

〈ワーク〉 5つのステップで夢を現実化しよう

【1】 妄想（どんな夢を妄想する？）

↓

【2】 宣誓（誰に何を誓う？　何で宣誓する？）

↓

【３】細分化（夢の因数分解をしよう）

↓

【４】お金を使う（夢の現実に向けて何にいくら使う？）

↓

【５】逆算思考

（いつまでに夢を達成する？　タイトなスケジュールにならないように）

↓

根拠のない自信上等

夢を現実に変えるのに、とっても大事なことを教えましょう。それは、根拠のない自信です。

自信家と呼ばれる人がいます。いつでも自信たっぷりで、自分を疑わない人です。結構、僕もそのタイプです。「お前、その自信どっから出てくるの?」と言われることも多々あります。笑

今回の歌手デビューもそう。友人にはかなり言われましたね。

でも、これ実は、根拠も何もない自信なんです。「えっ? そんなんで大丈夫なの?」と思いますよね。大丈夫なんです。聞いてください。

自信というのは「自分を信じる」と書きます。根拠なく自分を信じる。これがいかに夢の実現において大切なことか、あなたは実感できますか?

僕はよく、「今の自分には少し身の丈が合わない仕事かな？」「実力足りてるかな？」と思うことにも「はい、できます！　やらせてください！」と二つ返事で言います。答えは「イエス」か「はい」なんです。笑
最強のイエスマンです！

頼まれごとは試されごと。そう思って20代後半を過ごしてきましたし、30代の今を生きています。これを実践し続けてよかったと思うことは、今の自分を越えようと本気になっている自分に出会えていること。

依頼された時点ではわずかに実力が届いていないんです。でも、「イエス」と言ってしまったからには、もうやるしかない。お金（報酬）も受け取っているので、クオリティーもしっかりせねば。そう思うと、人は限界を超えます。120％の力を発揮するのです。期待に応えようと、足りない知識をつけ、実戦を繰り返し、成長します。

根拠のない自信を持つことで、人は実力以上の行動をして、大きくなるのです。

夢も実現もそう。私ならできる！　と思い込んで何でもやってみる。できることなら虚勢でもいいので人に言い切る。これできっと、夢の実現力は大きく飛躍します。

未来は理想だけを描け

夢を描くとき、一つだけ注意点があります。それは、マイナス思考はダメだということ。

「もし、不安なことが起きたらどうしよう・・・」

こんな思考は絶対にしていけません。人が夢へのチャレンジに億劫《おっくう》になるのは、見えない未来への不安があるからです。少し日本の教育への不満になりますが、日本人は「リスクに備えるための教育」をされてきました。

「チャレンジするにもリスクがある。それを考えてから行動するのが大人だよ」

僕も中学生の頃、こう言われた記憶があります。

経営者ならリスクを一番に考えるのは理解できます。しかし、個人単位で夢にチャレンジしたいとき、リスクを計算しては大きな夢は描けません。

まずは、無謀でいいのです。リスクを一切考えず、実現したい世界を思い描きましょう。すると心がワクワクしてきます。このワクワク感こそが、夢を叶えるための重要な動線です。

リスクを考えるのは、もっと後の段階。最終的な実践段階になったら、リスク計算も必要になるでしょう。その際には十分にリスクを計算して、勇気を持って実践しましょう。

人付き合いを徹底して選べ

確実に夢を叶えたい。そう思うなら、人付き合いを選ぶことを徹底してください。なぜか？　あなたの周りには、あなたの夢の実現を妨げるドリームクラッシャーがいるからです。そして、厄介なことに、ドリームクラッシャーは意外と身近にいます。

「もう歳なんだから、いい加減現実見ようよ」
「お前のことを思って言っているんだよ」

こんな言葉を言われた経験がないですか？
いいですか？　もしあなたが本気で夢を叶えたいなら、このような言葉を言ってくる人とは一切関わらないでください。夢が叶わなくなります。

明確な理由があります。夢を壊す人は、あなたに「破壊の言葉」を投げかけます。「無視すればいいじゃん」と思うかもしれません。しかし、脳は無視できないのです。脳は主語を選べません。つまり、あなたに投げかけられた言葉は、無意識に、あなたの思考に入ってきます。

「できない、無理だよ」
「諦めな」
こう言った言葉が投げられると、あなたの中にどんどんマイナスの感情が入ってきて、脳が「そうだな、できないな」と勘違いするのです。こうなったらもう大変です。やる気に満ちていたあなたのハートは傷だらけになり、夢を叶える力がなくなります。

僕には、20代前半の若い女性社員が3人いますが、絶対に「できない」「無理だ」などというマイナスな言葉は使いません。「やってみればいいじゃん！　できるよ！」たとえ、本人が無理だと感じていようとも、プラスの言葉を投げかけます。そうすることで、社員の可能性が高まることを知っているからです。次の章で詳しく話しますが、言葉のマジックです。

夢を壊す人は、言葉であなたを傷つけにきます。そういった人と付き合うと、感情がいつもマイナス思考になり、夢を叶えるどころではありません。現実ばかり見て、つまらない人生になるでしょう。

今すぐ、人間関係を見直してみてください。

夢を現実に変える運の作り方

あなたは「運」についてどう思いますか？

運のいい人が世の中にはいます。

「あいつは運がいい。だから出世できた」

「たまたま運が良かったから夢を叶えられた」

成功者への僻（ひが）みにも思えますが、こういう人がたくさんいます。

では、冷静に考えてみてください。運とは、果たして本当に偶然引き起こされるものなのでしょうか？

違います。

運の九割は必然によって作られるものなのです。

運がいい人には三つの共通点があります。

①自分に圧倒的にポジティブな人

自分に降りかかった出来事を全てプラスに考えることのできる人です。彼らは、他人から見たら可哀想と思うことも「この出来事があったから今の自分がある」「この出来事は必ず自分を成長させる。だから運がいいんだ」「むしろ大変な出来事はこれからのネタになる。ありがたい」と思います。できる経営者には多いですね。

②他者に与える人間

人はもらうこと（与えられること）が大好きです。しかし、運を良くするには「与えること」を先にしなければなりません。これはリーダーの哲学である帝王学の教えの一つでもあります。与える人間には、ある特典が与えられます。それは、未来でのチャンスと手助けです。

人には返報性の法則というのがあり、与えられたら返そうとする習性があります。他者に先に与えるということは、その分、未来で与えられるということです。いざ未来で困ったとき、恩義を与えた人が助けてくれる。成功者や夢を叶えてきた人からはよく聞きます。先に与えるから、未来で良き運として返ってくるのです。

③愛される人間

①と②を愚直に実践している人だけが持っている条件。これが運を引き寄せる最大の理由だと確信しています。それは、愛される人間かどうか？

愛される人間には、いつだってチャンスがやってきます。その人間が困ったとき、必ず手助けしてくれる人がいる、それは愛されているからです。愛されていないと、人にご縁は来ませんし、力ある人からの支援はありません。

運がいいとは、言い換えれば、想像以上の力を発揮できること。そして、困ったときにこそ、ピンチや窮地を救ってくれる仲間がいることです。そう、応援される人間です。

僕は超絶運のいい人間だと自負しています。なぜなら応援してくれる素敵な仲間がたくさんいるから。ここ1年間で、3回、クラウドファンディングをやりましたが、1回目は450万円、2回目は350万円、そして、3回目は250万6400円集まりました。本当にありがたいことです。

そう、運は愛されていないと決してやってきません。僕は帝王学の教えを10年学んできました。先に人に与えることをずっとしてきたからこそ、今の結果があると思っています。お金があるときはお金や物を与えたり、お金がないときは、労力を人に与えてきました。与えるものは限定されていません。なんでもいいのです。本書を読んでいる20代の諸君！　お金がなくても人に与えることはなんでもできます！　愛される人間になって運をつかみたいなら、まずは何かを与えましょう。できる大人（30歳以上）ほど知っています、この法則を。だから、先に与えた若者は、絶対に未来でチャンスを与えられます（与えられなかったら、何も過去で与えなかったからだと反省しましょう）。

あいつは運がいい。それは、愛されているからなのです。夢を叶えるには、大きい夢であればあるほど運が必要になってきます。つまり、愛される力が必須なのです。あなたは運がいいですか？　人から愛されていますか？

もし、人から愛される力が欲しければ、僕が開催している帝王学講座に来てください（詳細は下のＱＲコードから）。20代、30代が身につけるべき帝王学となっています。

人から愛される秘密の方法をお教えします。これであなたも強運です。

20代のための「帝王学講座」
https://miraia.co.jp/page-7556/

夢を視覚化する曼荼羅チャート

「曼荼羅チャート」を知っていますか？　言葉で説明するよりも図表で見せた方が早いので、次ページの図を一度見てください。見ましたか？

これは、あなたの夢を叶えるのに必要なパーツを視覚化して、着実に叶えていくものです。このチャートを使って夢を叶えた人として最も有名なのが、メジャーリーガーの大谷翔平選手。

中央マスには最大の夢を描いて、そのマスを取り囲む8つのマスには、その要素を達成するための条件を書きます。そして、今度はその8つを達成するために必要なことを記入していくという感じです。中央マスに書いた最大の夢を叶えるのに、全部で64個の達成すべき項目が生まれます。夢の細分化にも役立ちますので、ぜひ、一度、やってみてください。

曼荼羅チャート

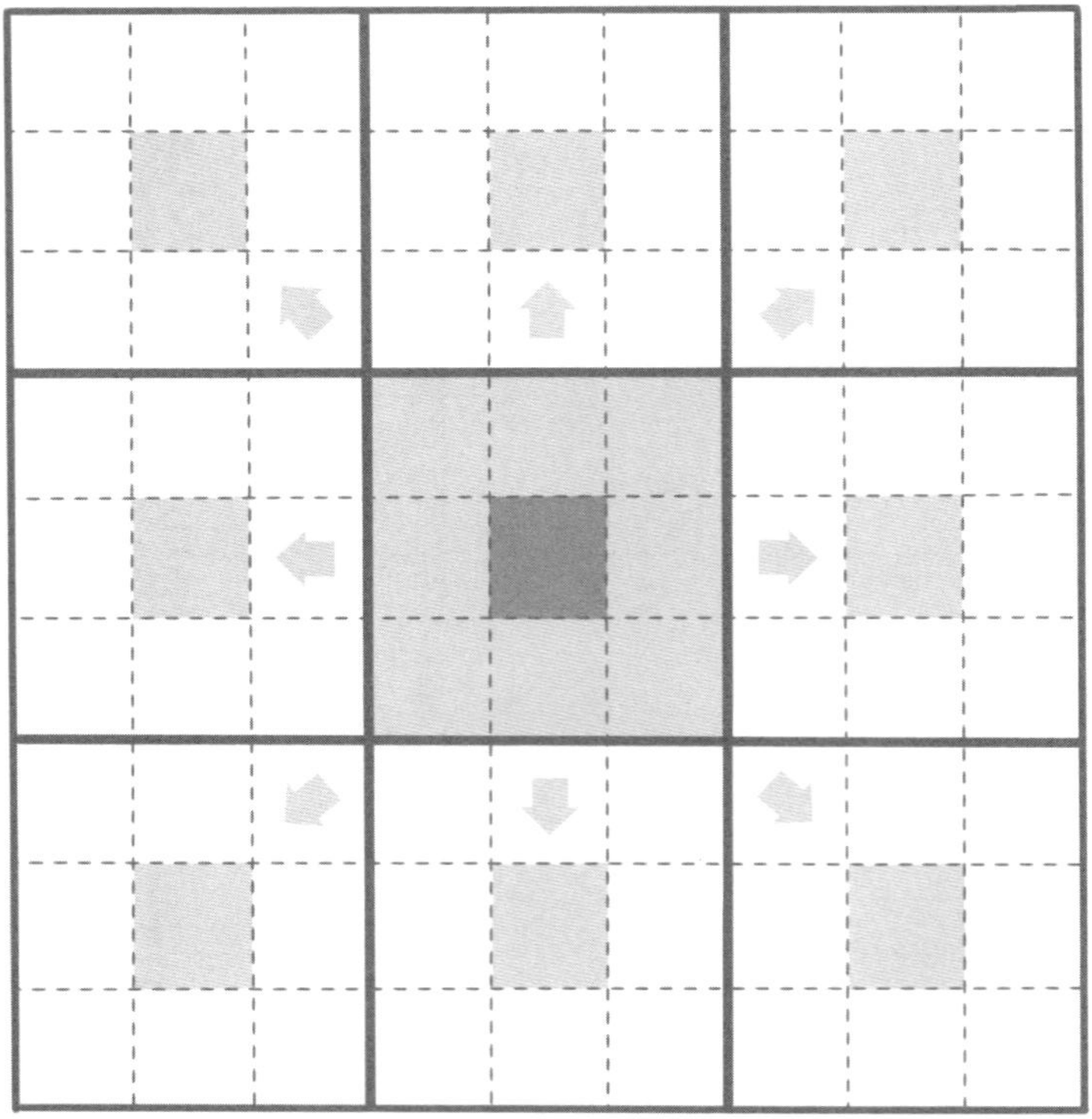

第3章　夢を現実に変える言葉の作り方

言葉との出会いで人は変わる

さあ、ここからは僕の専門領域である「言葉に力」についてお話ししましょう。

一つ質問させてください。

「あなたは人生が変わったと思う瞬間はありますか?」

30秒、考えてみましょう。

どうですか? 人生が変わったと思う瞬間。あなたはどんなシーンが描かれましたか? きっと、あの人との出会いがあったから人生が変わった! と思う人がほとんどでしょう。でも、僕は違いました。僕の人生が変わったと思う瞬間、それは、人との出会いではなく、「言葉」との出会いでした。

昔、僕は文章が大の苦手でした。社会人一年目ではレポートを非難され続け、もう文章を人に見せるのが怖くなりました。それ以降、自分の文章に自信を持てない中で、文章を鍛える日々を過ごしていたのです。

そんな時、ある人に、こう言葉をもらったのです。

「君の文章には煌めきがある」

僕は、この瞬間何物にも変え難い感謝を抱き、救われた気持ちになりました。そこから自分の文章に自信を持つことができたのです。今では文章の本を出すようになり、講座まで持っています。

僕は、漠然とですが、文章の力で世界を変えたいという願いを持っていました。ところが、昔のトラウマでどこか自分の文章に自信を持てずにいました。でも、この言葉と出会ってから、「僕の文章は輝いているんだ」と理解でき、文章の力で世界を変えるという夢が動き出したのです。

だからこそ、今では、YouTubeで文章術を教え、講座でも人を動かす文章の書き方を指導して、たくさんの受講生がいます。「人を動かす大人の文章術」という書籍まで出しています（詳細は下のＱＲコードから）。あの言葉に出会わなかったら、今の僕は決してないでしょうし、この書籍も世に出ることはなかったでしょう。

夢というのは、自分のメンタルや気持ちが大きく成功に左右されます。そのとき、背中を押してくれるのは、言葉です。夢の現実は、言葉の力にかかっていると言っても過言ではありません。

この章では、夢を現実に変える言葉の力と、魔力をあなたに知ってもらいます。

『人を動かす大人の文章術』　乳井遼／著
人の心をつかむ文章の秘密がここに！

コラム　文章は一生モノのスキル

少し余談ですが、「今なぜ、言葉の力を磨くべきなのか？」その理由を話しましょう。大事なことなので、まずは聞いてください。ここでは、言葉の力＝文章の力としましょう。

文章は一度学べば、一生モノのスキルになります。なぜか？　それは、人は言葉と生活することから逃げられないからです。言葉のコミュニケーションは人間だけが与えられた特典であり、磨けば磨くほど光ります。

どんなコミュニケーションをするにも、意思疎通をするにも、言葉を使う人間。何年経っても、いくつになっても、このサイクルは続きます。だからこそ、文章力は一番磨かなければいけないスキルなのです。

中には、文章よりも会話テクニック（トーク力）を磨くべきだ！　という人もいます。それは否定しません。会話やトーク（プレゼン力含む）も立派なコミュニケーションですし、この先、言葉がなくなることもありませんから。

しかし、僕が強く勧めるのは、「まずは文章力を鍛えよ」ということ。文章を鍛えていくと、自然とトーク力も磨かれます。これは事実です。僕も文章を鍛える前は、本当に口下手でした。特に、学生時代と社会人一年目の銀行マン時代。

学生時代は、ゼミでプレゼンする機会が何度もあったのですが、テンパって何を言っているのかよくわからず、失敗もたくさんしました。言葉の力もありませんでした。銀行マン時代もそう。緊張すると頭が真っ白になり、お客さんにロクな商品の説明もできず契約が取れないダメ社員でした。

ところが、文章力を本気で学んでからは風向きが一気に変わります。今では、どんな場面でも、何人を相手にしても自然と言葉が出てきて、トークで人を魅了することもできるようになりました。

実は、文章力を鍛えると、特に！「人を動かす文章力」を磨くと、人を動かすための言葉とロジックが頭の中に次々と浮かんできます。あとは場数をこなすだけです。

条件反射のように言葉が浮かんでくるので、どんなに緊張する場面でも、ある程度はトークで人を魅力できます。

文章を学んでない人は、語彙力や人を動かすパワーワード（強い言葉）も知りません。それなのに、はじめからトークの方に走ってしまうと、技術はあっても根本的な言葉の力がないので、人を魅了できないのです。

「文章は一生物の宝」。その意味が、少しはわかっていただけましたか？

文章（言葉）の魔力

「動画は文章の10倍の情報量を持つ」

こんな言葉を聞いたことはありませんか？

確かに情報量という点では動画の方がはるかに優れているでしょう。しかし、文章には、文章だけが持つ「最強の武器」があるのをご存知でしょうか。

それは、イマジネーションです。

言い換えると、文章は読み手の世界最強を作る装置なのです。

例えば、以下の文章があったとします。

『想像してください。世界で最高に綺麗な夜景を』

さあ、あなたの頭の中にはどんな夜景が写りましたか？

僕の中には、大草原の中に星がキラキラと瞬く夜景が浮かびました。

しかし、あなたはきっと違うはずです。ネオンが綺麗な大都会の夜だったり、幼い頃自宅から見た懐かしい景色だったりしませんか？　世界で最高に綺麗な夜景の答えは、ひとつではありません。人によって違うのです。


これが、イマジネーションの力です。

人は何かを想像するとき、自分の中での最高のシーンを想像します。もし、動画で百万ドルの夜景を見せられて、これが世界最高の夜景だと言われても、僕には響きません（う～ん、綺麗だけど、そこまでじゃないかな？）。


余計なインプットがなかったからこそ、自分の中で最も綺麗と定義する「夜空にキラキラ瞬く星」が頭に浮かんだのです。今、僕はこの文章を書いていて、急に星が綺麗なところに行きたくなりました。そう、自分で文章を書いていて、自分の心も動かされています。

あなたはどうでしょう。頭に浮かんだ夜景を見に行きたくなりましたか？文章のプロ。特に、小説家、セールスライター、コピーライターと呼ばれる人は、この文章の魔力を熟知しています。そして、文章×イマジネーション（想像力）の力で、人を動かし、自分の求めるゴールへと誘導させるのです。

文章は人を動かす、人の心を思うように導く、最強の手段なのです。

もう一つ例を出しましょう。あなたは小説が好きでしょうか？

小説好きはどっぷりと作品の世界にはまってしまいます。それは、自身の頭の中で最高のキャストと情景を思い描いているからです。ファンタジーを読んでいるのなら、頭の中では、これまで出会った最高に神秘的な世界を舞台にしているのでしょう。ラブストーリーを読んでいるのなら、主人公を自分に当てはめて、相手役に初恋の人をキャストにして想像していませんか？

そう！　これができる唯一の手段が「文章」です。

動画ではそうはいきません。演出家の考えた役者が脚本通りに動きます。そこに感動はあっても、全ての視聴者に「最高」は絶対に作れません。

あなた自身が脚本家になり、あなたの選定する世界と人でストーリーを進められる。これこそ文章だけが持つ魔力（魅力）です。人のイマジネーションを活用すれば文章で人を操（あやつ）れるのです。

言葉を磨けば金持ちになれる

あなたは「お金持ちになる方法」を知っていますか？
昔は二つの方法がありました。一つ目は経営者になること。二つ目は投資家になること。そして令和の現代。新しく三つ目の方法が誕生したのです。
それは
【人気者】になること！

人気者になるために学力や頭の良さは大して必要ありません。東大卒でも、その学歴ブランドに頼りすぎるあまり、自分では何も稼ぐ力を持たない人もいます。こう考えると、一昔前は学歴は資産でしたが、今は負債にもなりえます。
人気者になれば、短時間で億万長者のお金持ちになれます。

そう、学歴、年齢、男女を問わず。
分かりやすくそれを体現しているのがユーチューバー（インフルエンサー）です。ライブ配信をしているユーチューバーはスーパーチャット（投げ銭）を視聴者から受け取ることができます。

こうした人気者はどんな能力があるのか？　分析してみると面白いことがわかります。それは皆、言葉の力を持っていること。言葉の力を持っていれば、顔出しする必要もありません。文章だって言葉です。言葉を鍛えれば、人気者になれ、お金を集めることができる。そして夢を叶えることもできるのです。

人気者は言葉の使い方が違います。それぞれの色を持っているので、人を惹きつける魅力があります。そして、人気者の言葉遣いにはこんなポイントがあります。

①未来志向
②感謝を忘れない
③自分を隠さない

あとは、ちょっと方向性は違いますが、誰もが心で感じてはいるが言いにくいことを代弁することも人気者になる一つの要素です。歌手のAdoは、まさに、このスペシャリスト。顔出ししないのにも関わらず、歌詞（言葉）の力で多くの若者を魅了しています。

人気者になるには、【言葉の力】が必要不可欠です。言葉は人を動かします。そして、夢を叶える原動力になります。今、あなたは【言葉の力】をどのぐらい持ってますか？　言葉の力は何歳からでも養えます。むしろ人生観を深めた年を重ねた人間の方が、味のある言葉を造ることができるでしょう。

言葉で夢の賛同者を得る

夢の賛同者を得るには、言葉の力を駆使することが大切です。そこで重要になるのが『承認欲求』です。

「相手から認められたい」

誰でも、人から褒められたり、認められたりするのは嬉しいですよね。人間には『承認欲求』があるのです。ＳＮＳはその最たるものかもしれません。「いいね！」をもらうと嬉しくなり、どんどん投稿を頑張りたくなります。逆に「いいね！」が少ないと、やる気をなくして落ち込むことも。

こんなふうに相手を認めるという行為は、相手のパッションに熱を与えてくれるのです。だからこそ!「あなたの夢は素晴らしい！　ぜひ応援させてくれ！」

と言わせるためにも、言葉の力で承認欲求を満たすことがマストなのです。

さてその言葉ですが、言葉には「話し言葉（トーク）」と「書き言葉（文章）」があります。どちらも本質は一緒ですが、話し言葉、書き言葉、それぞれポイントがあるのでお話ししましょう。

〈話し言葉〉

声のトーンが重要です。人は、声のトーンが高い人を好む傾向があります。なぜか？　人は興味ある人の前や好かれたい人の前では無意識に声のトーンが上がるからです。

赤ちゃんや子どもと話すとき、自然と声のトーンが上がっていませんか？これは、子供に嫌われたくない、好かれたいという想いが自然と声のトーンに反映させているからです。

子どもたちも声が高い人は「味方」と認識するので、好かれるんです。あなたも夢の協力者を求めるなら、たくさんの「味方」を作らなくていけません。

暗い声（低い声）で話していませんか？　それではあなたの前に支援者は現

れません。いつも周りに人がいる人気者は、声が高い人が多いはず。ぜひ、もう一段階、声のトーンを上げて会話してみてください。


「あなたの意見、素晴らしいです！」

「さすが！　○○さん！」


相手がどんな言葉をもらったら喜ぶか？　こんなことを考えながら、声のトーンをアップさせて承認欲求を満たしてあげましょう。

では、相手がどんな言葉をもらったら喜ぶか？

それは、書き言葉（文章）にも通じますので、そちらで詳しく解説します。


〈書き言葉（文章）〉

文章においても、承認欲求をくすぐることで、相手を思うままに動かすことが可能です。ポイントはたった一つ。「相手を認める文」を入れること。わかりやすいように、例文をいくつか用意しました。

（例1）

先日は仕事の相談にのってくださりありがとうございます。西村さんの「俺がついてるから、おもいっきり頑張れ」の言葉に励まされました。自分が成長できました！

（例2）

杉田さん、今日は最高の焼肉をごちそう様でした。あんなにとろけるお肉は人生ではじめてでした。肉の概念が変わりました！

（例3）

「愛する人がいれば人生は輝く」高山さんの言葉を聞いて、私の何かが変わりました。愛する人を見つけるために、勇気を出して婚活してます！

勘のいい方はピンときましたね。そう、相手の認め方のコツは、「あなたのおかげで変われました」「あなたのおかげで初めての経験ができました」「あなたのおかげで人生観が変わりました」と、自分の良い変化が相手のおかげで起きたと言ってあげることです。

この効果は、相手が年上であったり目上の人であるほど効果を発揮します。

「可愛いやつだな」と思われるのです。もちろん、年下や後輩でも応用は可能です。「お前、動画の編集スキルすごいな。全くやったことないから新鮮で勉強になったよ。お前に聞いてよかった。わかりやすかったよ」と言えば、後輩からは理解のある上司、人間力のある人と思われるでしょう。

日常で使う頻度も多く、これ以上ない文章テクといえましょう！　次につながるチャンスを生みます。もし目上の人や年上の人とご飯に行く機会があれば、ぜひ試してみてください。次のお誘いもきっとあるはずですよ。

結局人は感情で動く

「人は感情で動く」ということを聞いたことはありませんか？　いくらロジックがしっかりしていようと、論理だけでは人は動きません。理論は人を動かしたのちに動くものです。人を最初に動かす原動力はいつだって【熱】です。

今年2024年、54本塁打の大活躍をした大谷翔平選手。あの気迫に満ちた打撃、振る舞いに感動して「大谷みたいになりたい！」と思って野球をはじめた子どもたちも多いことでしょう。そこに、理論ってありましたか？　全て感情ですよね。

言葉も同じです。

人は感情で動くということを念頭に置いて書かないと、決して人を動かす言葉は作れません。つまり、夢を叶えられないということです。

言葉で人を動かすには、まずはあなたが心に素直にならなければなりません。それは、言葉は身の文と言います。発信者の心や人柄、品格が映し出されます。それは、あなたが素直になってこそです。

では、素直な自分をどうやって言葉に映し出せるのか？

いい方法があります。それは、自分の過去の経験を赤裸々に語ることです。さらに言うと、その時の感情をありのままに喋ること。

例として、以下、僕の高校中退について語りましょう。

僕は高校を中退したことがあります。それも、わずか３ヶ月で。最初に入った高校の雰囲気に馴染めず、ズル休みも何回もして入学から1ヶ月で不登校になりました。その時の感情はいまだに覚えていて、誰からの連絡や励ましも煩わしく思ったものです。最終的には当時の担当教師と喧嘩になり、退学を決意。周りからは「逃げた」と思われたのでしょう。

でも、本当にやめて正解だったと思います。忍耐力がないとか、意志が弱いとか散々言われましたが、心を病んでまで嫌なことは無理して続けることはないと学んだからです。嫌なことを言われるがままにしていても、人は成長しません。

僕は高校を中退してから生まれ変わりました。努力する自分にも出会えたし、人に優しくもできるようになりました。人は嫌なことから逃げることは決してダメなことではない。むしろ、自分を成長させて、新しい自分に出会うための行為だと信じています。

どうでしたか?

僕の高校中隊のストーリーを簡単に言葉（文章）にしました。

僕の素直な気持ちがところどころに入っていますよね。もし、今の日常にどこか不満を持っている高校生が読んでいたら、今の高校を辞めて新しい自分に出会いたい！　と思ったかもしれません。僕がもし、悩める中高生を救いたいと私塾を立ち上げることを夢みたなら、賛同者が現れたり、受講生が入ってくるかもしれません。

あなたの過去の行動には、必ず、あなたの素直さが隠れています。
出すのを恐れずに、言葉に書いてみましょう。
その素直な気持ちが、読者の感情をいつだって動かします。

読み手に感動を与える装置

「人は感情で動く」最初に言った通りです。そして、感情を揺さぶるには言葉を構成する要素を意識しなくてはなりません。特に重要なエッセンスとなるのが「人生観」です。業務メールなどビジネスではあまり使わないかもしれませんが、何か自分の思いを伝えるシーンでは非常に重要な装置になります。

人生観の入っていない言葉（文章）には魂が宿りません。話し手、書き手の人間性がさっぱり見えないので、薄っぺらい言葉になってしまいます。人生観とは、考え方や行動理念そのものです。

文法や表現が多少稚拙でも「なぜかこの人の言葉は心に残った」という経験はありませんか？　それは、人生観が乗っているからです。話し手、書き手が主張に至った思いや背景、ストーリーが言葉に描かれていれば、読み手の心を惹きつけることができます。


人生観を言葉に乗せるにはテクニックがあります。

それは、自分自身に質問をすることです。

つまり、自問自答。


「私は、スポーツが好き」

それはなぜ？

「お寿司が世界で一番好きな食べ物だ」

それはなぜ？

「音楽を聴いているときが一番幸せだ」

それはなぜ？


その理由にこそ、あなたの人生感が宿ります。

僕は昔からKinKi Kidsの堂本剛さんのファンです。もう20年近くファンをしています。剛さんに憧れたからこそ！　今回、自身でも歌手デビューをしたいと思ったほどです。

ここで考えるべきは「なぜ、堂本剛さんが好きなのか？」ということ。
それは、彼が表現者だからです。
音楽、芸能、美術、演劇など独自の世界観で表現活動をしています。少し一般人とは変わった感性を持っているかもしれません。しかし、僕にはそういった【個】をストレートに言葉や歌、作品にして表現する彼の魅力に惹かれました。だからこそ、僕自身も一生表現者であり続けたい。そう、心に決めています。文章も表現の一つ。YouTubeも表現の一つ。表現することで人は最高に輝くことができる。そこに信念を持って今も生きています。

何より、個性や独自性というものを、僕自身も心の底で感じていたからこそ、それを最大限に体現していた彼が好きだったのでしょう。何か落ち込んだときは彼の歌を聴いて、ハートに熱を戻すようにします。
好きなものを語るときは熱が入ります。
その熱も、人生観を言葉に宿すには強いパワーになります。

「あなたは何が好きですか？」
「なぜ、好きなのですか？」

その理由の中に、あなたの人生感が眠っています。人生観を言葉に乗せて書くと、書き手の味と色がでます。唯一無二の言葉ができるのです。

本音と建前を操（あやつ）れ

世の中には「本音と建前」があります。本音は違っていても、相手との関係を良くするために建前で物事を言う場面も多々あります。特に、相手の気持ちを慮（おもんぱか）る日本人は世界でも類を見ないぐらい「本音と建前」を使いこなしていると言っていいでしょう。

この「本音と建前」を深く理解すれば、人を動かす文章術として活用できます。

人は建前を言うとき、心にどこかストレスを感じているものです。たとえば、たくさんの仕事を部下に振ってしまったとしましょう。部下は上司であるあなたには逆らえません。変に断ってしまうと後の関係性も良くないものになりますから。

「はい、かしこまりました」「今日中に終わるように努力します」と言うでしょう。でも、もし部下のキャパがいっぱいだったり、押しつけられた仕事によってプライベートの予定が変更になってしまったとしたら、どうでしょうか。

本音では「勘弁してよ」「正直、しんどい」と思っているはず。

まあ、仕事なので「頑張れ」と言えばそれまでですが、部下の建前を本気にしていると、不穏なシグナルに気づかずに部下が辞めてしまうことも。そうならないためにも文章術の出番です。

仕事が終わった後、部下から報告が来ました。
あなたならどう返事しますか？
「お疲れ様！　助かったよ！　またよろしくね！」

よくある返事ですが、次のように返事をしたらどうでしょうか？

「お疲れ様！　助かったよ！　週末だし、友人との約束もあったかもしれない。早く帰りたいところだったと思うけど、快く引き受けてくれて助かったよ。いつもありがとう！」

同じく感謝の気持ちを述べるでも、全く受け取り方が違うはずです。「私の気持ちをよくわかってくれている」と部下はきっと感じるでしょう。人の気持ちがわかる人という印象も持たれます。次にあなたが部下に何かを指示した際にも、快く引き受けてくれるでしょう。まさに、言葉で部下の心を動かしたのです。

「本年と建前」。世の中にはたくさんあります。

飲み会などで幹事をやってくれた人にお礼を言う際も、「今、仕事が忙しい時期だったよね。幹事も大変だったと思います。次は私を頼ってね。ありがとう。」と言ってあげましょう。本音では幹事は正直やりたくなかったのかもしれません。

人の建前をそのまま受けとってはいけません。本音の気持ちを汲み取ってあげることが大切です。人は、自分をよく理解してくれる人に心を開きます。相手の本音を理解してあげられるようにしましょう。

あなたがいたから

照れ臭くて言いにくい言葉の一つ。それが、

「あなたがいたから」

「あなたのおかげで」

人はコミュニケーションにおいて、どんなときに嬉しさを感じるのか？ それは、特別扱いをされたときです。女性の皆さんは共感してくれるのではないでしょうか？ 男性から特別扱いされることはとても嬉しいですよね。これは、人を動かす文章テクにもなります。

「ここだけの話だけどさ」

よくあるフレーズですが、聞く方としてはなんとなく嬉しいですよね。人は限定の話に弱いのです。あなたにだけに伝えたいと言う気持ちは、相手からの

好意作りにつながります。

特に、文章で伝えてあげると効果はてきめんです。文章は基本的に一対一のコミュニケーションのため、その人だけに言われている感がより増します。二人の秘密な感じがあって嬉しいですよね。

僕もよく「○○さんがいたから、俺は今日、本当に救われた。助かった！」「○○さんがいたおかげで今日の飲み会は盛り上がった！　ありがとう！」と文章で言います。これは、読んでくれた相手に嬉しさを倍増させて、次の機会につなげる役割もあります。


いつも人集めが上手い人っていませんか？

それはきっと、一人ひとりにお礼メールを送る際に、前述したやりとりをしているのでしょう。


ストレートに、「あなたの力が必要だ！　助けてほしい！」と言うのも効果的です。照れ臭いかもしれませんが、「あなたじゃないとダメ！」という気持ちを文面にいっぱい表現しましょう。仮に予定があって力になってくれなくても、代替案を作ってくれたり、次の機会は高い確率で助けてくれます。

人は一度断ったら、次は、期待に応えてあげたいという気持ちが芽生えるもの。そこを上手くつくのが人を動かす極意の一つです。

機会損失を煽（あお）れ！

機会損失という言葉を知っていますか？　本来、手にできるチャンスがあったのに、それをミスミス失ってしまうことです。人は損をしたくない生き物です。損をしたくないから、常に情報をチェックして行動をすると言っても過言ではありません。

この性質を利用すれば、文章で人をコントロールすることも可能です。人は損をしたくない生き物であることは、「プロスペクト理論（注）」でもはっきりしています。人は得を求めるより損を回避しようとするのです。

「あと5日で半額セール終了！　買い物忘れはないですか？」
「無料で手に入るのは今日まで！　今すぐチェック！」
「あと2日で、無料情報公開を閉じます」

「ポイントの有効期限は今日まで。明日には全てのポイントは失われます」

こんなキャッチフレーズを見たことがあるはずです。これは全部、人の損したくないという感情をくすぐっています。定型文のようにも見えますが、効果は絶大です。

「ねえ、三丁目の喫茶店、今日までショートケーキが無料なんだって！　良かったら一緒にいかない？」

こういった誘いメールが来たら、普通に「お茶しない？」よりも響きますよね。今を逃したらあなたは損しちゃうよ！　というメッセージを文章に入れるだけで、相手から『イエス』を引き出せる確率は断然高まるのです。

※プロスペクト理論とは？
人は損を避けて行動する傾向があること。

未来を創るフューチャーペイシング

あなたには「理想の未来」がありますか？
少し考えると、誰にだって理想の未来があるはずです。その理想の未来に少しでも近づきたいという欲求に訴求した文章術があります。それが「フューチャーペイシング」という手法です。

セールスの世界では当たり前のように使われているもので、人を動かすということにおいては強力な武器になります。住宅のCMが分かりやすいですね。新居を建てて、そこでの家族団欒《だんらん》の幸せそうな姿を視聴者に見せる。温かい家庭の情景を見て「自分も家族と新居で幸せな生活をしたいな」と願い、新居を購入するわけです。

人は、商品やサービス自体を買っているわけではありません。ダイエットしようとする人は、なぜダイエット食品やグッズを買うのでしょうか？　「痩せた未来の自分」が欲しいから買うのです。
なぜ女性は化粧品を買うのでしょうか？　それは「より美しくなった未来の自分」が欲しいからです。
企業も当然それを知っています。だからこそ、この商品やサービスを使うと、「未来のあなたはこんなに変化しますよ！」という主張を強気でしてくるわけです。

人は未来に夢を見ます。

歌手になりたい。俳優になりたい。小説家になりたい。最近の若い子ならユーチューバーになりたいというのもいいでしょう。たくさんの「なりたい」が人にはあるはずです。なりたい自分に少しでも近づいてもらうために、読み手の理想の未来を文章で描いてあげることが大切です。より鮮明に描いてあげるほど、読み手はあなたの思い通りに動きます。

「このサプリメントはダイエットには本当におすすめなんです！　無理なく、少々のご飯で満足感も得られますので、絶対に痩せますよ！」

「このサプリメントは無理なくあなたの体重を落とします。３ヶ月後には、あなたはこれまできれなかった細身の服も着れるようになって、洋服のおしゃれがもっとできるようになるでしょう。そして、これからは自信を持って夏は海にも行けます。女性もあなたを見る目が変わり、これまでとガラリと変わった人生が待っているでしょう」

男性の皆さん、前者と後者、どっちの方が響きますか？　圧倒的に後者ですよね。

さて、フューチャーペイシングを使う際のポイントは以下の３つです。

1 具体的

2 メリットを提示

3 感情に訴求

まずは、具体的に未来を提示してあげられているかどうか。例文では「細身の服を着れておしゃれできるようになる。夏には自信を持って海に行ける」と痩せた先の具体的な未来をイメージさせています。

そして、次にメリット。「ダイエットは辛いもの」というイメージを、無理なく体重を落とせます！と利用者の利点を述べています。

最後に感情です。「女性もあなたを見る目が変わり、ガラリと人生が変わります」と書きました。ダイエットをする理由は人それぞれですが、男性ならきっと、女性にモテたいというのが最大の原動力なはずです（僕もその一心で高校生のとき、12キロのダイエットを頑張ったので気持ちはわかります）。

人は自分の理想の未来のために行動する、お金を払う。これを覚えておけば、自ずと文章の書き方も変わるはずです。商品の細かい説明なんて後からで良いのです。まずは、読み手の理想の未来を見せてあげることが何より大事です。

何か人を誘うときもそうです。食事に誘うときは、美味しい料理だけをフックにしてはいけません。その場で起きるであろう、楽しい空間や未来の出来事を少しでも想像させるように誘うのです。たとえば、「今日のお店はジャズの生演奏もあって、雰囲気が最高だよ。ゆっくりと二人で話ができるね！」というように。

未来に夢と希望を与えることは、人を動かすには大事なエッセンスになります。

訓練なしでは自分の言葉は生まれない

さあ、ここまで教えた「夢を叶えるための言葉の魔法」。どれも人を動かすために必須の言葉のテクニックです。僕は文章家ですので、文章の言葉が少し多かったですが、話し言葉も本質は一緒です。これらは一朝一夕で身につくものではありません。言葉は生き物です。だからこそ、うまく扱うために次のようなことを考えながら訓練しましょう。

誰に対して投げる言葉なのか？
どんなシーンで使うのか？
何を目的として使用するのか？

これらを総合的に考えて言葉を複合的に活用する必要があります。そのためには、ここで教えた言葉のテクニックを一つずつ確実に実践してみてください。実践していけば、あなたなりの言葉の感覚が身についてきます。

言葉の感覚が身についてくると、あなたの言葉の色が出てきます。これが、いわゆる個性です。事実、言葉からは人柄や性格が濃く滲み出ます。僕はある程度、性格を知っている知人や友人なら、文章なら、読んだだけで誰が書いたモノなのか？　が分かります。言葉のセンスが人柄滲み出るからです。

「なぜ、文章に人柄や性格が出てしまうのか？」

正確に言えば、隠し切れないからです。

「文は人なり」

これは、18世紀のフランスの博物学者が残した言葉です。文章を書く仕事に携わる者なら誰もが知っている名言です。名言であると同時に誰もが納得しているでしょう。

特に日常で使う文章ツール（ＬＩＮＥなど）では、人柄が濃く出ます。日常の些細なやりとりにロジックはないですから、その分ダイレクトに感情が乗るのです。単純な例で言うと、文の最後を「。」で終わる人と「！」で終わる人。相手が目上の人や馴染みの人でなければ「。」を使う人も多いかも知れませんが、普段から顔馴染みの友人に「。」ばかり使う人は、冷静で落ち着いた人が多い印象です。

逆に「！」を多用する人は勢いがあって、人柄もパッションある人が多くいます。僕はこれまで1万人以上の文章を見てきました。その中での肌感覚ではありますが核心に近いと思います。

あとは、前向きな（ポジティブ）ワードが多い人と後ろ向き（ネガティブ）なワードが多い人、それぞれいます。言葉を細かく分解して見ていくと、本当に書き手の性格がわかってきます。

普段、人の文章を分析している人などいないと思いますが、心の中で人は無意識に言葉からさまざまなことを感じ取っています。書き手が気合を入れて長文を書いたのに、相手から「了解」の一言だったら、どう思いますか？
「え？　これだけ？」と、なんかモヤモヤしませんか？　プライベートならまだ良いですが、ビジネスなら大変です。お客様が「悩み」を頑張って長文で書いたのに、短文一行で会社側が返したとしましょう。「この担当者なんなの？買うのやめよ」となりかねません。

僕は社員に対しても滅多なことでは怒りませんが、唯一、声を大にして注意することがあります。それは、メールの文面やチャットのやり取りが冷めているること。リモート時代、チャットなどでのやり取りがほとんどなのに、そのやり取りが冷たく感じたらどうでしょうか？「そんな人とは、僕は仕事をしたくない。」そこまではっきり言って、注意します。発する言葉はその人を体現します。僕はメールの対応が冷たい人や感情がない人とは、ビジネスでも一切協同しないので、ここは誰よりもこだわっているかもしれません。

文法が間違っている、言葉遣いが子どもっぽい、読みにくい。些細なことから、知性や教養までもストレートで出てしまうのが文章の怖さでもあります。しかし、裏を言えば、人柄の魅力の部分を文章に乗せることができれば、たとえ初対面でも会う前から好印象を作ることができます。

文章から推測される人柄は、高い確率で当たります。

あなたはどんな人柄に思われたいですか？

〈コラム〉
自分の言葉とは？

「自分の言葉を持て！」

「自分の言葉で語れ！」

これって一度は聞いたことのあるセリフでは？　あなた自身が言われたこともあるでしょう。ところで「自分の言葉」って何でしょうか？　10秒考えてみてください。よく聞く言葉ですが、言語化してアウトプットできる人はどれぐらいいるでしょうか？


自分の言葉。その定義は人によって異なる部分もあります。僕の見解として、自分の言葉とは「自分の経験から生まれた言葉」です。

自分の言葉と対をなすのが借り物の言葉ですが、そもそも完全なオリジナルな言葉など世の中にはほとんど存在しません。毎年、造語なども作られますが、既存の言葉を組み合わせているに過ぎません。

読み手が、「この人の文章薄っぺらいな〜」と思うのは、自分の経験や感動が文章から発せられていないからです。誰かの体験をつらつら書いている。誰かの言った言葉だけを使っている。こんな文章を読んだとき、人は薄っぺらい文章だと感じます。

この経験がなかったら書くことはできなかっただろう、と思うストーリーから生まれた言葉を「自分の言葉」と言うのです。

僕は２０２３年11月〜12月、２０２４年５月〜６月、そして今（２０２４年９月〜11月）でクラウドファンディングをやっています。本書もそのご支援があったからこそ出版が実現できています。

本当に、本当に感謝しています！

今、僕が当時の体験を語るとこんな文章ができます。

「はじめる前は『結果が出なかったらどうしよう（恥ずかしいよな）』と怖かったけど、今ではやって良かったと心の底から感じます。毎日、支援金額が数字として出るのでプレッシャーもありました。今までの自分の行いが数字で評価されているようで・・・。しかし、クラウドファンディング期間中は人とのご縁が最高に花開いた時期でもありました！　社会人になってからは一番人と会い、自分を売り出しました。卒業以来会わなかった高校の友人からも連絡があって、支援してくれたり！　『チャレンジって、人生を変える力があるんだな』としみじみ思います。

人は本音で語ると、人を動かすといいます。まさにその通りでした。お金は愛である。お金を回すことで人は豊かになる。誰かを幸せにする。そして、この愛の循環を決してやめてはいけない。貯金だけをしておくことがいかに愚かなのか？　ということもクラウドファンディングをやってみての気づき！本気でやってよかった！この感謝は絶対に忘れません。自分に自信もつきました！」

●

書いているうちに熱が出てきてしまいました。

長文になりましたが、いかがでしょうか？　言葉自体はどこにでもある言葉の連続です。でも、クラウドファンディングをやった人にしか分からない感情が入っているのを見てとれると思います。

これこそが、「自分の言葉」です。

自分の言葉があると、読み手の理解が深まります。共感や感動が生まれます。信頼も集まるでしょう。人を動かす文章が自然と完成するのです。

では、ポイントだけ少しおさらいしましょう。大事なのは、以下の二つです。

❶心の本音を書き出す

僕の先ほどの文章の肝は「怖かったけど、クラウドファンディングをやってよかった！」ということ。その中に眠る「心の本音」というのを追求すると自分の言葉が見えてきます。

〈怖かった〉

なぜ？　心の本音は？

↓支援が集まらなかったら恥ずかしいから

↓数字でしっかりと出るので誤魔化せないから

↓これまでの自分の行いが評価されそうだから

〈クラウドファンディングをやってよかった〉

なぜ？　心の本音は？

↓人とのご縁を強く感じたから

↓貯金の愚かさを知ったから

↓自信がついた！

この作業をするだけで、あなたの心の中を探りながら、自分なりの表現をすることが可能になります。

❷これは私だからこそ感じた！　という視点を持つ

僕の場合、クラウドファンディングを２０２３年11月から12月にかけて、はじめてやりました。そこで強く感じたのは「ご支援してくださった方への深い感謝」です。

クラウドファンディングでお金を払うとは、商品やサービスを買ってお金を払うとは訳が違います。僕が支援する側だったら、相手の人柄や期待値、頑張りを評価して支援します。だからこそ、僕自身を信じて支援してくれたはずです。だからこそ、絶対に裏切れないし、恩義を果たそうと強く思います。感謝の気持ちが並大抵ではありません。これこそ体験者しかわからない感情です。これを文章として表現するのも立派な自分の言葉です。

あなたも自分の言葉をもっと意識しましょう。あなたにしか語れないことがきっとあるはずです。

〈コラム〉
守破離の法則

「守破離の法則」をご存知でしょうか？

守とは、先生からの教えを守ること。
破とは、教えの殻を破ること。
離とは、完全に独り立ちすること。

簡単に言えばこんな感じです。文章であなた独自の色を出したいとき、この「守破離の法則」は絶対に厳守したほうがいいと言えます。

「え？　先生の教えを守ることが、なぜ、自分らしさに繋がるの？」と思うかもしれません。よく聞いてください。文章における自分らしさとは、先生の教えから派生するものだからです。文章のプロと呼ばれる人には、必ず先生がいます。はじめからプロはいません。スポーツもそうですよね。コーチが必ずいます。そのコーチから教えを受けて成長するということは、コーチの考え方や癖が少なからず弟子に入るということ。

僕にも人を動かす文章のコーチがいました。記者を辞めて、何も職を持たず都内に出てきたとき、バイトで雇ってもらった一つ年下の方でした。セールスの世界では文章で人を動かすプロで、本当にいろいろなことを教わりました。

その教えを、当時の僕は愚直に守りました。つまり「守」です。すると何が起きるか？

守っていると、ある日突然、「自分だったらこう書けるような？」と思うようになります。そして、その気づきを実践すると「これは、もっとこうしたほうがいい」とアドバイスをもらえます。この気づきが実はとても大切で、教えを守っていないと、疑問も気づきも生まれて来ません。

自由奔放に書くことは、自分らしさとは違います。身勝手です。何度も先生の教えを守って書き続け、そこから自分なりのアレンジを加えていく。それを何度も繰り返すことで、自分だけの色を持った文章が仕上がります。

自分の文章の色ってなんだろう？　強みってなんだろう？

そう思ったときは、まずは先生を見つけることです。「あ、この人の文章って、すごく心に響くな」「いつも発見があって、ためになるな」。そんな作家はいませんか？　本の著者でもいいです。何度もその人の文章を読みましょう。書き写してもいいですね。

マネから始めましょう。マネをすることを嫌がる人もいますが、マネはプロになる一番の近道です。マネをして書いていくと、文章の基礎が出来上がってきます。そこにアレンジを加えて「破」をしましょう。

「破」を何度も繰り返すと、いよいよ「離」に入ります。

「離」に入ると、あなたはもう文章のプロです。先生から受けた教えの殻を破り、人生観も載った「あなただけの型」ができているはずです。

マネについて余談ですが、文章のキャッチコピーやタイトルなどを考えて言葉が出ないときも、マネが一番早くて効率的です。商品やサービスのキャッチコピーってありますよね？　あれは、文章のプロが何日も考えて練りに練って作り出した、最高の文章です。

それをマネしない手はありません。プロの文章をマネしていくと、人を動かす文章作りの傾向がわかってきます。ぜひ、参考にしてみてくださいね。

第4章　夢を現実に変える実践法
～愛される人になれ～

さあ、この章では、夢を現実に変えるための「最強の力」についてお教えしましょう。

夢を叶えるには、ある強力な力がマストになります。むしろ、この力がないと、絶対に大きな夢は叶えられません。その力とは何か？

【愛される力】です。

あなたは人から愛されていますか？ 愛される力は言い換えると、「応援される力」です。人から認められ、可愛がられ、なぜか放って置けない存在として認知される。これが大事なんです。

では、どうやったら人から愛されるのでしょうか？

この章では、夢を現実に変えるための絶対能力、「愛される力」について学んでいきましょう。

〈5つのアイ〉

僕は、愛されるためには「5つのアイ」を学ぶ必要があると確信しています。

「I」「哀」「愛」「相」「逢」

全て、アイと読みます。これこそが、あなたを愛される人間に成長させるための重要なキーとなります。

一つずつ見ていきましょう。

【I】

「自分」です。あなたは自分自身をどれだけ知っていますか?

愛される人間は、自分の強さと弱さを知っています。強さとは、自分の意思を貫く力です。夢を叶えるという点においては、本気度になります。本気の姿を周りに見せつづける気概と継続する力。これは、これから教える「信用残高」の蓄積にもつながります。

そして、弱さ。これは、自分の欠点や足りないことを公にしゃべる勇気です。自分自身、何度もクラウドファンディングをやっていて気づいたことがあります。それは、完璧な人間に支援はない(少ない)ということ。

完全無欠。聞こえはかっこいいですよね。憧れます。しかし、人は誰かを応援するとき、人間味を大事にするのです。完璧な人間に対しては、「あの人は、私が応援しなくても大丈夫ね」と、結局、応援されません。

「あの人、頑張ってるけど・・・どこか抜けていて可愛らしい」「少し空回りしてるけど本気なのね」こういった姿を見せると、人は放って置けなくなります。

「僕はこうゆうことが苦手です。だからあなたの力が必要なんです。貸してください」と言われたら、ただ頼まれるよりも、ずっと嬉しくないですか？

弱さを出すと、相手の心に響きます。あなたは自分の足りないところをしっかりと把握していますか？　人に勇気を持って弱さをしゃべっていますか。弱さを出せない人間は、夢を叶えられません。ただ、注意してほしいことが一点。弱さを見せるのと、愚痴を言うのでは天と地ほどの違いがあります。愚痴は言うと愛されません。

愚痴は、現状の不満を周囲に言いふらすこと。給与が少ない、働く環境が良くない、業務が辛い、全部「愚痴」です。愚痴は聞いている方が不快になりますし、あなたの自信のなさを強調するので、絶対にしないでください。

愚痴は、ほぼほぼ努力で変えられます。愚痴をこぼす前に、行動をして、現状を変えていきましょう。

弱さは夢を叶えるための大事なピースです。強さと弱さをうまく活用して、あなたの夢を叶えてください。

【哀】

次は「哀」。悲しみです。

喜怒哀楽という言葉があります。僕が講師を務める出版実践塾で、塾生に、「著者として喜怒哀楽を大切にしなさい」と何度も言っています。その中でも、今回は「哀」に着目しましょう。

喜怒哀楽には、人間の素が出ます。これは絶対に避けられません。本能ですから。その中でも、「哀」は人の心が顕著に表現されるものです。

人には共鳴という能力があります。感動のエピソードに思わず涙を流すのも、その能力があるからこそ。

「人前で涙を流すな」。昔から言われませんでしたか？ 僕の意見は正反対。人前で大いに涙を流してほしいのです。なぜなら、人は、人（他者）の涙する姿に感動して、涙するからです。もらい泣きです。

哀（悲しみ）には、人の心を動かす魔力があります。悲しんでいる姿、涙している様子を見ると、人は、「その人に何か力になりたい。心を温めてあげたい」と、無意識レベルで思います。だから、応援するのです。

でも、気をつけてください。この「哀」は多用しすぎてはいけません。ここぞという時に発揮するのが効果的です。悲しいことは、慣れると悲しくなくなるのです。人は慣れるものですから。

これまでの人生で、悲しいことはありますか？きっと、一つや二つはあるはず。人間はドラマの塊ですから。

でも、その哀（悲しみ）が原動力になって、今につながっていることもあるはず。その時の経験を語り尽くし、思い出しながら、涙しましょう。あなたは必ず、誰かの心を動かせるはずです。

余談ですが、僕は昔、友人に「そんな生き方もうやめようよ」「良くないよ」と批判されたことがあります。夢を追って行動している最中だったので、悔しくて悲しくて、帰り道に涙しました。

その姿を見た親友が、次の日に大事な仕事があるのにも関わらず、ずっと僕のそばにいてくれ、励ましてくれました。きっと、涙を見せなければ、一晩中酒を飲みながら励ましてくれるなんてことはなかったでしょう。

その友人とは今でも大切な親友です。彼には家族はいますが、家族ぐるみでの付き合いをさせてもらっています。講演会にも来てくれたり、クラウドファンディングを支援してくれたり、感謝の念が絶えません。

哀は、人との繋がりをより強固にします。あなたも、もう哀を隠す必要はありません。表に出して、涙を流し、人との繋がりを強くしながら、夢を叶えてください。

【愛】

３つ目は「愛（LOVE）」です。愛といってしまうと、範囲が広すぎますので、この場合、「無償の愛」と定義づけましょう。

あなたに質問します。
愛とはもらうもの？　与えるもの？　どっちでしょうか？

どちらも！　という声が聞こえてきそうですね。笑
正解です！「愛はもらうものでもあり、与えるものでもある」。こうした循環が何より大切です。しかし、もっと重要なのは順番なんです。

先にもらうのか？　与えるのか？

この順序が、夢が現実になるかどうかの大きな境目になります。

正解は、もうピンと来てますよね？　そう、「与えるほう」が先です。与えてからもらう。これが正しい順番です。そして、与えるときに大事なのが、先ほど定義づけした「無償の愛」。

人は見返りをもらおうとして愛をばら撒くと、必ず破滅の道に進みます。なぜなら、見返りの愛をもらえないとわかったとき（もらえなかったとき）、愛は嫉妬と怒りに変わるからです。

「なぜ、私はこんなに与えたのに、何もしてくれないんだ・・・」そう思うと、愛は嫉妬と怒りに変わり、人を言葉であれ、態度であれ、傷つけます。

こうなると、夢を叶えることは絶対にできません。なぜなら、嫉妬と怒りは無駄な争いを生み、夢の現実を邪魔するからです。嫉妬と怒りというのは、ときに夢を推進するための原動力にもなりますが、ほとんどは夢を邪魔する存在です。無駄な思考、無駄な行動、無駄なストレス。たくさんの無駄を生み、夢を壊しにかかります。

でも、無償の愛と定義づけるならどうでしょうか?返ってこないことが前提になっていますから、恩返しをされなくても、何も嫉妬と怒りは生まれません。

愛を与え続けていると、２つのメリットがあります。

一つは、「奉仕の心」が芽生えること。奉仕の心は自分を豊かな人間に成長させます。実はお金持ちほど、奉仕の心があります。奉仕の心を強く持っているからこそ、ゆとりがあり、頼れる存在になるのです。奉仕の心がないと、細かいことにも執着して惨めな大人になります。

二つ目は、夢を邪魔する人を判別できること。愛を多く受けた続けた人は、それを当たり前と勘違いして、与えられなかったときに不満や愚痴を言います。このような人には、近づかないほうが賢明でしょう。

与えられて当たり前。こんな人は、将来、必ずあなたの足を引っ張ります。無償の愛を与えてるのは素晴らしいことです。どんどん与えてください。しかし、もしあなたがたくさん愛を与えているのにも関わらず、「ありがとう」と感謝の気持ちを忘れたり、傲慢な態度になる人がいたら、その人には無償の愛を与えるのをやめましょう。

少しキツイ言い方ですが、ばら撒ける愛の容量は限られています。お金と時間が限られているように。あなたの愛は有限です。

無償の愛は尊いもの。だからこそ、与える人をきちんと見極めていきましょう。大丈夫です。無償の気持ちで愛を与えていたら、与える人が間違っていなかったら、必ず、愛は返ってきます。愛とはそういうものなのです。

【相】

次は「相」です。これは友情を表します。たくさんの人に愛されて、夢を叶えたいなら、まずは親しい友人を大切にすべきです。僕が10年学んだ帝王学の教えの中に、「愛の輪」というのがあります。自分が施した愛情（貢献）が、どのように広がっていくのかを示すものです。

自分の発する愛は家族からはじまり、親友、知人、一般へと広がります。一般（面識がまだない人）からも愛され、夢の支援を受けたいなら、友人にきちんと愛を捧げていないとはじまりません。

僕の持論ですが、何か究極に困ったとき、手を差し伸べてくれるのは同じ苦難や喜びを共有した仲間（友人）だと思っています。世代が一緒の同期だと尚更。

僕は就活講座の際、後輩たちにも常に言っています。「最後に助けてくれるのは同期だから、絶対に大切にしろ」と。

友人を大切にできない人は、周囲から愛されることはまずありません。今、あなたの頭には誰が思い浮かびましたか？その友人に、日頃の感謝を伝えてみてはいかがでしょうか？普段から定期的にコミュニケーションをとっておくことが、愛される秘訣でもあります。

【逢】

最後は「逢」です。これは出逢いの「逢」。

愛される人間になるためには、「逢」を大切にしてください。「出会う」と「出逢う」。読み方は一緒ですが、少し意味が違います。

「出会う」は、一般的な出会いです。偶然誰かと出会うのもそう。たまたま同じ場所にいて出会うような感覚です。しかし、「出逢う」は違います。これはロマンチックにいうと、運命的な出逢いを意味します。そんな運命的な出会いなんてそうそうないよ！と声が聞こえてきそうですね。笑はい、ロマンチックな出逢いなど滅多にありません。出逢いは、自分で決めればいいのです。僕は、自分の意思でどこかに行って、自分の意思でコミュニケーションを取ろうとして出逢った人。その人を運命の出逢い人と定義づけています。

自分の意思で出会った人、コミュニケーションを取った人は、何かしらの理由があって、意思疎通をした人です。それは、きっと、あなたの志に大きく関係しています。

僕はセミナー事業をしているので、よくわかるのですが、同じ塾生同士でも仲良くなる人と、他人行儀のままの人がいます。仲良くなる人は何が違うのか？それは、志（進むべき方向性）が同じ人同士が、仲良くなるのです。

それはまさに、自分の意思が決めた運命の出逢いです。この出逢いによって生じた関係は、強い絆があります。あなたに対して、確かに愛があるはずです。

この出逢いを大切にして、愛を育めば、あなたはさらに愛される存在になり、夢を大きく叶えやすくなります。ぜひ、出会いを大切にしてください。

次は、愛されるためにあなたが磨くべきアクションを具体的に教えましょう。

1 否定しない

相手の言動を拒絶する。絶対にしてはいけません。否定は、相手の可能性を潰すだけでなく、あなたに対して反感も生みます。「なぜ、理解してくれないの?」と不信に思い、あなたとの距離をとりはじめるでしょう。心の距離は、そう簡単には縮まりません。もしかしたら、その人はあなたの夢を応援してくれる人かもしれないのに。「否定=未来の協力者を失う」のです。

「いや」「でも」。このような否定語は今すぐ封印しましょう。相手の言動に疑問を覚えたときは、まずは肯定から。「なるほど」「いいね」。これが大切です。否定はもうやめましょう。あなたの未来も否定することになります。

２ リアクション

メラビアンの法則を知っていますか？ 人は視覚からの情報で６割以上の印象を決定づけているというものです。あなたは、相手と話しているとき、リアクションを適切に取っていますか？ 顔の表情を豊かにして、手振り身振りして、リアクションしていますか？ リアクションが少ないと、相手は、「あ、この人、自分に興味ないんだな」と思います。そうなると、その時点でアウトです。コミュニケーションは疎遠になります。だって、話をしていてつまらないですからね。リアクションは少しオーバー気味の方がいいですね。人は恥ずかしいと思う気持ちもあるので、無意識にリアクションにブレーキをかけます。いつもより20％、多めにリアクションをとりましょう。それだけ、相手からの印象が大きく変わるはずです。

３ ポジティブ

あなたは自分がポジティブだと心から言えますか？ ポジティブな人間は、常に「ある方向」を見ています。それは、未来です。未来を見据えている人間は、細かいことはクヨクヨしません。過去も振り返りません。こうした人間には、人の輪が生まれます。なぜなら、人間は未来に希望を見出す生き物だから。誰だって明るい未来を見たいのです。だから、明るい未来に連れて行ってくれそうな、心から明るいポジティブな人間に、人は惹かれます。あなたの周りにもいませんか？　いわゆる人気者が。人気者はポジティブで明るい人柄ではないですか？　だから愛されるのです。

4　笑え

「笑う門には福来る」ということわざがあるように、笑顔というのは国境を越えた、最強の「愛され装置」です。笑顔は太陽のようなもので、人を明るく照らす素敵な力を持っています。どんなに落ち込んでいても、大切な人の笑顔を見れば、心が一気に軽くなり、明るくなりませんか？

僕はヨガ教室に通っていますが、笑顔が素敵な先生のところしかいきません！　笑だって、心を健康にしたくてヨガに行っているのに、笑顔のないレッスンを受けると、余計気分が落ち込みますから。そんな笑顔だから、営業されると商品やサービスを買っちゃうんですよね。笑

笑顔は人を惹きつけます。そして、応援者を生みます。

笑顔は、ホスピタリティを大切にする企業では最大級の案件だそうです。代表例がキャビンアテンダント。僕と一緒に仕事をしている敏腕ＷＥＢデザイナーの女性、喜納さんがいます。元キャビンアテンダントとして仕事をしていて、僕の就活講座にゲスト出演してくれました。

「ＣＡは笑顔が魅力的でないと絶対に受からない」

そう言っていました。納得ですよね。ＣＡさんは旅をより素敵にするのも役割。笑顔が少ないＣＡさんは旅するお客さんの気分を下げます。喜納さんも、毎日、鏡の前に立って笑顔の練習をしていたそうです。自然と口角が上がるよ

うに。

一目惚れというのがありますが、挨拶での笑顔をきっかけに一目惚れをするケースが多いようです。笑顔を極めれば、人の心を掴めます。そして、愛されます。夢を叶えるための方程式が完成します。

僕も笑顔が苦手でした。だからこそ、今では鏡に笑顔を作る練習をしています。おかげで、写真でも自然と笑うようになれました。笑

5 損得勘定

損得勘定をしているようでは、人から愛されることは永遠にありません。たとえば、相手から頼まれごとをしたとき、ＹＥＳかＮＯか？あなたはどうやって判断しますか？

「この人の依頼を受けてもメリットないしな」「お金にならないしな」「疲れるしな」・・・こんなふうに判断して相手の依頼を断っていると、あなたは未

来の手助けを失います。情けは人の為ならず。情けをかけると巡り巡って、自分に返ってきます。相手が困っている。相手がお願いしてくる。これは、損得勘定で判断するのではなく、行いが正しいか？　正しくないか？　で判断するのが正解です。

6 謙虚

謙虚であること。これは愛されるためには必須です。人は夢を叶える途中、小さな成功体験を重ねていきます。そこで、その成功に対して驕り、傲慢になる人がいます。

「この成功は自分だけの力だ。私はすごい」。自信を持つのはいいのですが、忘れてはいけないのが、「成功はいつも他人が連れてきてくれるもの」だということ。ビジネスで成功する場合だって、お客様が買ってくれてこそ、成功ですよね。成功には、必ず他者の力があります。ここを忘れると謙虚さを失い、人を見下すようになります。

人は傲慢をすぐに見破ります。「成功すればするほど、謙虚であれ」。最終的に大きな夢を叶えている人は、皆、この姿勢を大事にしています。忘れないでください。

7 感謝

あなたは「感謝の気持ち」を常に持っていますか？「ありがとう」をいつも人に言えていますか？愛される人は、いつもこの感謝の気持ちを持っています。感謝の気持ちこそが、人の心と心を繋ぐことを知っているからです。

僕は言葉を使うプロですが、感謝の言葉を使えば使うほど、人との縁が繋がっていくことを実感しています。

何か頼み事を周囲がやってくれたとき、「ごめんね、助かったよ」。ではなく、「ありがとう、助かったよ」。こう言い換えるだけでも、相手の印象は大きく変わります。愛される人は、常に人への感謝を忘れない。これは絶対法則です。

〈コラム〉天然たらしが最強　愛すべきバカになれ

補足ですが、愛される人間というのは、少しおバカなぐらいがちょうどいいと言ったら驚きですか？　笑

「愛される人間」。これは簡単にいうと、「人間味のある人」です。喜怒哀楽があって、いつも感情豊か。こんな人は、なぜか、応援してあげたくなりませんか？

喜怒哀楽は人間の本質でもあり、感情レベルの話です。そこにロジックもありませんし、整合性もありません。「この人、こんなにはしゃいで子どもみたい」という人がたまにいます。でも、愛されるにはそれぐらいがいいのです。少し子どもみたい。大人にしてはおバカっぽい。それが可愛さを強調します。

そして、喜怒哀楽を全面に出して愛される人間は、行動力もあります。無駄にリスクを考えないので、行動力が半端ないのです。こういった人は、今の時代で考えるとスピードもありますので、夢を叶えやすい人間といえます。

喜怒哀楽がある人間は、天然の人が多いです。僕はこれを、天衣無縫と呼んでいます。笑

でも、これが愛される秘訣です。あなたも愛されるバカになってみませんか？笑

夢が叶いやすくなりますよ。

愛される3つの鉄則

さあ、次は愛される人間だけが持つ、「３つの鉄則」について話しましょう。この３つは、僕が確信している、愛される人間は必ず持っているマインドです。逆を言えば、この３つを持っていない人間は愛に乏しい人間とも言えます（はっきり言いますが）。

ここまで読んでくれたあなたは、愛される秘訣をもっともっと知りたいはず。ぜひ、この３つの鉄則を押さえてくださいね。

愛される3つの鉄則

【1】好意を無碍《むげ》にするな

あなたに対して、心配してくれたり、声をかけてくれたり、好意を持ってくれた人。そういった人に対して、冷たくして、好意を無碍にすると、あなたは愛される人間にはなりません。

一つ覚えておきましょう。心配してくれる。声をかけてくれる。好意を持ってくれる。これは何一つ当たり前のことではありません。バッサリ言いますが、人は普通、他人には興味がないのです。それでも、あなたに対して温かい言動をしてくれる。これは、何者にも変え難い、ありがたいことなのです。

人の好意を無碍にしていると、ある現象が起きます。それは、小さな幸せに気づけない人間になるということ。寂しいことです。好意を受けるというのは、本当に幸せなことです。それを忘れてしまい、好意を無碍にし続けると、幸せ感度がどんどん下がります。

幸せ感度が下がるということは、感謝ができなくなるということに加え、日々に不満を抱きがちになります。そうなると、愚痴ばかりいう日々が続き、周囲から魅力的な人間に映りません。あなたどうでしょうか？人からの好意を無碍にしていませんか？今一度、思い返してみましょう。

【２】信用残高を貯めろ

愛される人間には一日ではなれません。大切なのが、「信用残高」です。小さな善行を何度も繰り返す。これは、約束を守ることも一緒。小さな善行をしっかりと行いながら、小さな約束を繰り返し守る。これをすることで信用残高が貯まります。この信用残高を貯めれば貯めるほど、あなたに対して人は、愛情を持つようになります。

何かあった時には、あなたを優先しますし、声をかけてくれます。チャンスも掴みやすいでしょう。人から頼られる人間というのは、この信用残高が貯まっている人間です。安心感があるので、人が周囲にやってくるのです。

預金残高はいりません。銀行に預けていても、夢を叶えるには何の役にも立ちませんから。夢を叶えるためには、お金を投資することが大事です。他人であれ、自分にであれ。信用残高は必須です。これからの時代、この個人の信用残高こそが、稼げる人間か？稼げない人間か？をはっきりと分けるようになります。信用残高が貯まっている人間には、大きな仕事を頼みやすくなります。それは、個人事業主や経営者なら尚更です。会社のブランド（看板）だけに頼っていませんか？会社の信用残高に頼り、個人の信用残高が貯まっていないと、いざとなった時に何もできない、無力な人間になってしまいます。

大丈夫です。愛されていれば、自然と信用残高も貯まります。信用残高が貯まれば、より愛されるようにもなります。相互関係にあるのです。小さな善行と小さな約束。あなたは実践していますか？

個人で稼ぐ時代、信用残高を貯めないと何もはじまりません。あなたも今日から、信用残高を貯めるように意識していきましょう。

信用

【3】一人で抱え込まない

あなたは人を頼っていますか？ 人に頼れない人間は愛されません。愛される人間は、うまく人に頼る術を知っています。人は頼られると、この人から信頼されているという認識を持ちます。

人は自分を理解してくれている人、信頼してくれている人に心を開くものです。なので、一人でなんでも抱え込み、人に頼らない人間は、同時に相手からも信頼を得られないのです。

昔のリーダーの姿は、一人でメンバーを引っ張っていくのが理想の姿と言われました。しかし、今は違います。今どきの理想のリーダーは一人で抱え込まずに、メンバー全員の志気を高め、全員で目的を達成するために動くリーダーです。

言ってみれば、リーダーが完璧ではいけないのです！

「リーダーは行動力はあるけど、細かいことは苦手だな。ここは私が頑張らないと！」と思われるぐらいがちょうどいいです。リーダーが完璧すぎると、メンバーが育ちません。なんでもリーダーがやるのだと思い、人任せになるから。

一人で抱え込まずに、人を頼るようにしましょう。それが、愛される人間になる秘訣です。（もちろん、なんでも「ありがとう」のお礼を忘れずに）

愛される最強のトレーニング　クラウドファンディング

さあ、最後に教えるのは、「究極の愛される力を身につけるトレーニング」です。これまで教えたことを全て活用できる、素晴らしい装置をご存知でしょうか？　それは・・・クラウドファンディングです。

僕も3回、すでにやっています。クラウドファンディングはただのモノやサービスの売買ではありません。あなたの人格に惚れ込み、応援したくなる。そうならないと、人は決して支援してくれません。

つまり、愛される人間でないと、プロジェクトの成功はあり得ないのです。

クラウドファンディングをやっているとたくさんのことに気づきます。応援してもらった嬉しさや感謝。どれだけ発信しても支援されないもどかしさ。信じていた友人が支援してくれなかったときのさみしさ。それも、全部数字で出てしまうので、隠しようがありません。「これまでの自分自身の行いが正しかったのか?」それらが客観的な指数となって出てしまいます。

でも、僕は断言します。夢を叶えたいなら、愛される人間になりたいなら、絶対にクラウドファンディングを一度は経験すべきだと。

夢を叶えるためにクラウドファンディングをするのは理解できると思います。でも、愛される人間になるために、なぜ、しなきゃいけないのか?それは、先ほど言ったように、人のありがたみ（日常のありがたみ）に気づくため、そして、自分のこれまでを振り返るためです。

人はお金を出すとき、シビアになります。口では応援するよ！と言っても、実際、お金を出すときになると、行動をピタッと止めるのです。なぜ、止めるのか？

「私は、本当にこの人との信頼関係があるのかな？」と無意識に考え、様子を見るからです。

このハードルを超えるのは並大抵のことではありません。だから、支援してくれる人というのは、本当に大切にしなきゃいけません。金額に関係なく。

きっと、支援してくれる人の8割以上は顔を知っている人です。そして、複数回支援してくれる人は、かなり身近にいる人でしょう。身近にいる人にほど、人は感謝を忘れがちです。恩を受けたり愛情をもらうのが当たり前だと思っているケースがあるから。

でも、支援が集まっていないとき、ふとよく知っている人から支援があると、本当にありがたい気持ちになります。これはやった人にしたわからない感情でしょう。

僕は、その人とはずっと大切に付き合っていきたいですし、その人が困ったときには、必ず恩返しすると決めています。

人は、困ったときに応援してもらった人を忘れないものです。きっと僕に支援してくれた人は、社長になった僕のメンツやプライドも考えて、支援してくれたのでしょう。商品（リターン）自体に価値があったのかどうかは二の次です。本当にありがたいですよね。

支援が少ないときは、考えました。もっと、人に与えることをすればよかったかな？　足りなかったかな？　日常の感謝が足りなかったかな？　こういう振り返りをしたことで、自分の今を客観的に見直し、振る舞いや態度を改めることもできます。愛される人間に成長できるのです。

あなたも夢を叶えたいなら、ぜひクラウドファンディングに挑戦してください。

きっと、何者にも変え難い大きな気づきを得られます。夢も叶えられます。

グループ会社の運営する「未来の扉」というサイトで、クラファンチャレンジャーを募集しています。チャレンジしたい方は、ぜひＱＲコードを読み取って、問い合わせをください。大丈夫です。僕も教えます。一緒に夢を叶えましょう。

未来の扉
https://www.mirainotobira.jp/project_proposal

言葉は人を幸せにするもの

最後は、言葉が本来の持つ役割について話しましょう。「言葉とは何か？」その抽象的な問いに、あなたはどんな答えを見出しますか？

物事の伝達手段でしょうか？　それとも人を動かす装置でしょうか？　どちらも正解です。この問いに正解はありません。それぞれが、自分の持つ答えに花マルを送ってあげてください。

そして、当然、僕にも答えがあります。僕が考え得る、言葉の最大の役割。それは、**「人を幸せにするもの」**です。

人はなんのために生まれてきたのか？少し哲学的な話なりますが、人を幸せにして、自分も幸せになるためだと、僕は思っています。

言葉は全ての動物の中でも、人間だけに与えられた武器です。多様なコミュニケーションを可能にするために文明が作った利器であり、その本質は人を幸せにするためだと信じています。

誰かに豊かになってほしい、誰かに素敵なものを共有したい。そんな思いから、人はコミュニケーションを取ります。誰も最初から争うためにコミュニケーションなんて取りません。

そのための、最大の武器が言葉です。

言霊というのがあります。言葉は文字にすると（口で発すると）本当にそうなるということです。僕もそれを信じています。だからこそ、僕は絶対に人が傷つくような言葉や人の夢や希望を砕くようなことは口にしません。

言葉というのは、人力では計り知れない、すさまじいエネルギーを持っています。一度聴いたら忘れられない言葉ってありますよね？　一瞬、時が止まった感覚になるぐらい、何年経っても鮮明に残っている言葉があなたにも一つはあるはずです。

嬉しくて、その言葉を思い出すだけで、胸があったかくなることもあります。孤独や寂しさをかき消してくれます。しかし、その逆もあることを忘れてはいけません。一度口にして言葉で、人がずっと忘れられない傷を負うことだってあります。

人は、いつも幸せを求める生き物です。そして、言葉と共に生きています。だからこそ、言葉はいつも人を幸せに導くためのものである。というのが、言葉を生業にしてきた僕の結論です。

今、この本を読んでいるあなたには、ぜひとも、僕の導いた言葉の意味を知って欲しくて、最後に書かせてもらいました。言葉はいつだって、人を明るく元気に、そして、人を幸せにするためのものなのです。

おわりに

本書を最後まで読んでくれてありがとうございます！

夢を現実に変えるマインドとメソッドがわかりましたか？

僕はこれまでたくさんの夢を叶えるために実践をしてきました。その際、最も意識したのが、今の生業にもなっている「言葉の力」です。言葉とは不思議なもので、マイナスな言葉を使うと、たとえ自分に向けて発した言葉じゃなくても、ブーメランのように返ってきます。

夢はマイナスな言葉が嫌いなのです。逆にプラスの言葉は大好きです。プラスの言葉に力が宿り、言霊（ことだま）になって夢を叶えるエネルギーになる。僕は本気でそう思っています。夢は人生に彩りを与え、活力をくれる素敵な装置です。夢を失えば人生はつまらないものになります。

本書をここまで読んでくれた方は、きっと胸の内に何かしら夢があるのだと思います（夢がない人は、ここまで辿り着けません）。

その夢を、今一度、本気で叶えてみてはいかがでしょうか？

今年２０２４年は夢の時代です。昇り進む龍のように、あなたの夢をどんどん加速させて、育ててください。

謝辞

このたびはりょう社長の「夢を現実に変える言葉の魔法」の謝辞リターンにご支援いただきありがとうございます！

皆様のご支援あって出版することができました！

心より感謝を申し上げます！

〈お名前〉
JUNK 様
干川広樹 様
尾崎桂子 様
渕名康太 様
平塚達也 様
角田淳 様
大坂結唯 様
STELLA(株)Asako 様
善積順悟 様
尾田直美 様
北垣恵太郎 様
平野洋一 様
SHINZO NAGANO 様
渡邉明美 様
セラヴィ代表 酒井理子 様
宮城恵子 様
大久保喜世 様
鈴木一誉 様
堀井恋音 様
坂東愛莉 様
東 菜月 様

乳井　遼（にゅうい　りょう）

元地方銀行員として投資信託の販売などを通じて営業や社会人の基礎を積む。その後、元地方新聞記者（社会部）として1200人以上に取材、2000以上の記事を出稿。地域を紹介する雑誌記者として自治体から多数の依頼を受ける。大手セミナー会社でセールスコピーライターとしてクライアントの売上アップに貢献。ビジネス書の編集者として10冊をベストセラーに（現在は編集長）。ブックライターとして30冊以上の執筆を手掛ける。未来生活研究所取締役として多数のセミナーを企画。YouTuber（りょう社長のライテイング大学）としても活躍中。著書として『人を動かす大人の文章術』がある。

りょう社長のYouTube動画
「りょう社長のライティング大学」

https://www.youtube.com/@user-xz9yf4vg7c/videos

りょう社長のメルマガ登録サイト

https://24auto.biz/gocoo59/registp/entryform22.htm?fbclid=IwAR3m2CwsT
w4WSJDgoNM0hqFXjJ5iPQvwbS6ho5rjLLaNNLtiT3J2mgJSCOE

夢を現実に変える！　言葉の魔法

2025年1月24日　初版発行

著者　乳井 遼

発行者　中野 博
発行　未来生活研究所
東京都中央区銀座3-4-1　大倉別館5階
出版部（電話）　048-783-5831

発売　株式会社三省堂書店／創英社
東京都千代田区神田神保町1-1
電話　03-3291-2295

印刷　デジプロ
東京都千代田区神田神保町2-2
電話　03-3511-3001

表紙デザイン　東 菜月
イラスト　Naoko
編集担当　新田 茂樹

ISBN978-4-910037-18-9